"好中国故事"系列丛书

山海经故事

○○总 主 编 单承彬

○本书编著 焦福民 慈华

中国故事

山东城市出版传媒集团·济南出版社

图书在版编目（CIP）数据

山海经故事/焦福民，慈华编著.——济南：济南出版社，
2017.11（2024.9 重印）

（"讲好中国故事"系列丛书/单承彬主编）

ISBN 978－7－5488－2860－0

Ⅰ.①山…　Ⅱ.①焦…②慈…　Ⅲ.①历史地理—中
国—古代—通俗读物　Ⅳ.①K928.631－49

中国版本图书馆 CIP 数据核字（2017）第 286849 号

出 版 人	谢金岭
丛书策划	冀瑞雪
责任编辑	李廷婷
封面设计	侯文英
封面插图	王承山

出版发行	济南出版社
地　　址	济南市二环南路 1 号（250002）
编辑热线	0531－86131747
发行热线	82709072　86131747　86131729　86131728（发行部）
印　　刷	肥城汇文印务有限公司
版　　次	2018 年 3 月第 1 版
印　　次	2024 年 9 月第 3 次印刷
成品尺寸	160mm×220mm　16 开
印　　张	7
字　　数	95 千
定　　价	28.80 元

（济南版图书，如有印装错误，请与出版社联系调换。联系电话：0531－86131736）

丛书编纂委员会

总 主 编 单承彬

本 书 编 著 焦福民 慈 华

丛书编委会 （按姓氏笔画排序）

王 斌 刘富伟 孙 刚 李杰俊

李晓红 杨 峰 张庆伟 单天罡

单承彬 段 宁 徐雪辉 焦福民

总　序

　　几年前，印度尼西亚华人学校的几位校长来曲阜做短期研修，经常到我这里聊一些他们工作、生活上的事情。其中，谈论最多的，是他们从事华文教育的困惑。在印度尼西亚，教华人少年学习汉语，并不是最大的困难。在中国，孩子们每天都沉浸在华夏文化里面，平时衣食住行，耳染目濡，无非中华文化，文化教育在潜移默化中即可实现。但是，在印度尼西亚，却不具备这样的环境，汉语教育多与日常生活脱节。所以，他们遇到的最大困惑，是如何把文化教育有效地渗透到语言教学当中。

　　针对这一问题，我们曾设想，可以把中华文化的经典名著改编成故事的形式，便于华文学校的教师、学生阅读使用。这样，就能很容易地拉近读者与中华文化的距离。我建议，可以先从最简易处做起，把唐诗宋词、"四大名著"和传统经典戏曲里面适合海外少年接受的内容抽绎出来，写成通俗易读的短篇故事，辅以插图、注音和浅近的释义，篇幅不要大，内容不要深，但形式必须十分活泼，重点是突出反映中华民族的核心理念。

　　之后，大家便分头准备，动手工作。我约请了几位在学校工作的同道，详细讨论编纂方案。校长们回国后联系出版商，计划将来在印度尼西亚出版发行。由于其他一些原因，此事后来并未成功，唐诗部分、《西游记》和几部古典戏曲的故事样稿却已经完成，一直放在那里。不过，采用讲故事的方式，开展华夏文化教育的想法，并没有因此而放弃。

最近几年，尤其是党的"十八大"以来，以习近平同志为核心的党中央，十分注重文化建设和文化发展。习主席多次发表重要讲话，号召弘扬优秀传统文化，开展中华传统文化教育。他指出：讲中国故事是时代命题，讲好中国故事是时代使命。当中国与故事关联时，中国就不是一般的中国，故事也不是一般的故事。中华民族数千年的文化、文明发展史，就是一部美不胜收的"中国故事汇"，其中的文化典籍，是这些故事的重要载体。

几年来，我们从事国学经典教育的实践证明，引导青少年学习、阅读中华文化经典，是开展优秀传统文化教育十分有效的重要途径。而且，从中国教育史的角度看，传统蒙学正是把经史子集中的核心内容，通过便于儿童识记、诵习的简易形式，春风化雨般渗透到教材当中，知识教育和文化教育水乳交融，收到了良好的效果。

因此，我们从众多文化典籍中，遴选出 50 部大家公认的经典，编纂了这套"讲好中国故事"系列丛书，以故事的形式进行经典教育。本套丛书计划分辑出版，根据难易程度搭配，每辑 10 种，共 5 辑。

单承彬

2017 年 9 月 28 日于孔子故里

目 录

序 言 / 005

1. 不食周粟 / 007

2. 白螺仙女 / 009

3. 后羿射日 / 013

4. 大禹治水 / 015

5. 精卫填海 / 018

6. 女娲造人 / 020

7. 神农本草 / 023

8. 火神祝融 / 025

9. 水神共工 / 027

10. 高阳颛顼 / 029

11. 大战蚩尤 / 031

12. 夸父逐日 / 033

13. 舜德感天 / 036

14. 嫘祖始蚕 / 039

15. 石腹生启 / 041

16. 农业之神 / 043

17. 有熊部落 / 045

18. 黄帝姬云 / 048

19. 日月盈昃 / 051

20. 宝山昆仑 / 053

21. 尧舜禅让 / 056

22. 操蛇之神 / 058

23. 建木通天 / 061

24. 少昊出世 / 063

25. 比翼齐飞 / 065

26. 傲不可长 / 068

27. 有凤来仪 / 071

28. 鹓雏自好 / 074

29. 九尾灵狐 / 076

30. 王亥仆牛 / 079

31. 顺其自然 / 082

32. 长臂擅渔 / 085

33. 刑天之舞 / 088

34. 白蛇报恩 / 090

35. 洛水之神 / 093

36. 湘妃斑竹 / 096

37. 刑神蓐收 / 098

38. 禹杀相柳 / 101

39. 氐国人鱼 / 104

40. 舜遇靖人 / 107

序　言

　　《山海经》是我国古代的珍贵典籍，虽然仅有三万多字，内容却广博宏富，无所不包、无奇不有，是一部综合性的百科全书。《山海经》中记载了神话故事、高山大川、草木虫鱼、奇珍异兽、历史人物、风土物产等。按照今天的学科分类，它涉及地理、历史、神话、天文、医药、考古、文字、民族、宗教、物理、化学、信息等很多方面。

　　由于《山海经》"百科全书"式的特点，它对于全面研究我国古代社会具有较高的文献价值。《山海经》自产生之日起，就吸引了不少硕学鸿儒的关注，对它的研究也由来已久。古代不少学者为之作注，当代的研究论文及书籍也不计其数。无论是关于《山海经》内容的考辨，还是关于其思想意蕴的探究，也都是见仁见智，莫衷一是。

　　《山海经》里记载有很多神话故事，这些故事或详或略，都是中国古代神话故事体系中的重要组成部分，如女娲之肠、建木通天、夸父逐日等。读《山海经》不难看到，华夏民族自远古走来的轨迹若隐若现。三皇五帝的形象都多次出现，如黄帝大战蚩尤、炎帝遍尝百草、尧舜帝位禅让等，值得深思。书中还记载了许多史前人类与自然抗争的故事，反映了当时生产力水平低下的时代特点，描绘了一个生动有趣的世界，如精卫填海、鲧禹治水、后羿射日等家喻户晓的神话。

　　在《山海经》为我们描绘的世界里，山上遍布黄金美玉，吃花果能治疗病痛，吃一片草叶会使心情豁然开朗。那个世界里有会飞的人，有永生的人，有大人国、小人国、丈夫国、女子国，有山神、水神、雷神等各路神仙。在《山海经·大荒南经》中记载的载（zhì）民国的人，不从事纺织，自然有衣服穿；不从事耕种，自然有粮食吃；鸾鸟自由自在地歌唱，凤鸟自由自在地舞蹈。这些都寄托着先民的美好理想。

编者查阅了多种《山海经》的研究书籍，觉得《山海经》中有很多适合少年儿童阅读的内容。它所记载的故事也好，描绘的虫鱼鸟兽也罢，都是非常有童趣的，并且通过书中天马行空的描述，着实能够激发孩子们的想象力、增强孩子们的求知兴趣。它像是童话和寓言，又比童话和寓言更富有写实性。当然，书中有一些故事带有特定时代的烙印，与现代文明相悖，比如伏羲和女娲本是兄妹，后来却结成夫妇。书中还记载了许多血腥暴力的冲突，这是不适合孩子们阅读的。因此，在编写过程中，编者以讲好中国故事、弘扬中华优秀传统文化为基本原则，尽可能选取有趣的、有正能量的、流传广泛而不可不知的素材。总之，编写这些小故事的目的在于以通俗易懂的方式，培养孩子们对于我国古代典籍的热爱，让他们了解民族历史，传承民族文化，弘扬民族精神。

最后需要说明的是：书中《山海经》原文引用主要依据袁珂的《山海经校译》（上海古籍出版社 1985 年版），也参照了马昌仪的《古本山海经图说》（广西师范大学出版社 2007 年版）等著作，在此表示感谢，不再一一罗列。

编　者

1. 不食周粟

首阳山，也称雷首山。这可是一座有传说的山。

伯夷、叔齐都是殷商时期孤竹国国君的儿子。国君想传位给幼子叔齐，叔齐认为按照嫡长子继承制的原则，应该由长兄伯夷即位，便将君位让给长兄伯夷。伯夷认为叔齐即位是父亲的决定，自己应该顺从父命，因此，他执意不肯即位。伯夷、叔齐听说西伯姬昌敬老尊长，两人便拒绝继承君位一起逃到周。入周后，他们发现西伯已经死了。周武王把西伯的牌位挂在战车上，要去讨伐纣王。伯夷、叔齐两个人拦在出征的队伍前，冒死相劝道："父亲死了，不举行葬礼却发动战争，这难道是'孝'吗？作为臣子，竟然要去杀纣王，这难道是'仁'吗？"武王大怒，要杀了他们，后在姜子牙的劝导下，才勉强同意让伯夷和叔齐离开。

后来，武王伐纣取得胜利，灭掉了商朝，建立了新的王朝周朝。伯夷和叔齐认为武王的做法可耻，不愿意吃周朝的粮食，便隐居在首阳山下，饿了就吃野菜和野果，渴了就喝山泉水。

一天，他们在山中遇到一位农妇，这位农妇说："听说有两位讲仁义的人，不吃周朝的粮食，说的可是你们两个？"

伯夷和叔齐说："正是我们两个。"

农妇说："武王伐纣，为民做主，做的是好事啊。现在百姓安居乐业，朝廷政治清明。识时务者为俊杰，你们才华满腹，出来做官的话，是百姓之福、社稷之福啊。何不离开这首阳山，去京城做官呢？"

伯夷和叔齐说："武王不仁，他作为臣子竟然造反。"

农妇说："纣王的种种做法更不仁啊。他为了讨好妲己，派人搜集天下奇珍异宝，珍禽奇兽，放在鹿台和鹿苑之中，每每饮酒作乐，通宵达旦。严冬之际，妲己远远望见有人赤脚走在冰上，便认为其生理构造特殊。纣王竟命人将这个人的双脚砍下，研究其不怕寒冻的原因。还曾因为妲己好奇孕妇怀的是男孩还是女孩，纣王竟派人残忍剖开孕妇肚皮查看究竟，枉送了母子二人的性命。纣王杀死忠臣比干，剖腹挖心，以求证传说中的'圣人之心有七窍'的真假。纣王残忍暴虐，荼毒四海，早就该被讨伐了。"

对此，伯夷和叔齐无话可说。

农妇冷笑一声，说："普天之下，莫非王土。天下的粮食是周朝的，所以你们不吃粮食了。可是，你们吃的这些野菜就不是周朝的吗？"

伯夷和叔齐觉得农妇说得有道理。因此，他们连野菜也不吃了，后来，就饿死在首阳山下了。

> zhōng cì shí shān zhī shǒu　yuē shǒu yáng zhī shān
> 中次十山之首，曰首阳之山，
> qí shàng duō jīn yù　　wú cǎo mù
> 其上多金玉，无草木。
>
> ——《山海经·中山经》

◈ 知识拓展

林黛玉是《红楼梦》中的重要人物，她不仅楚楚动人、惹人怜爱，而且是一位才华横溢的女子。"心较比干多一窍，病如西子胜三分"是书中另一位重要人物贾宝玉对林黛玉的评价。传说比干有"七窍玲珑心"，因此聪明无比。"心较比干多一窍"，是形容林黛玉特别聪明。西子是指春秋末期越国美女西施。西施天生丽质，"闭月羞花之貌，沉鱼落雁之容"中的"沉鱼"指的就是西施。西施有心口痛的病，常皱着眉头、手抚胸口，在邻里间行走，这种病态衬托得西施更加娇弱动人。林黛玉身体不好，身上也带有一种病态美，"病如西子胜三分"是说林黛玉比西施更加漂亮。这是文学手法在人物描写上的运用。

2. 白螺仙女

在常州义兴县，有一个独居的少年叫吴堪。吴堪命很苦，很小的时候父母就去世了，他又没有什么兄弟姐妹，自己一个人在一间废弃的小破屋里生活。尽管如此，他却非常好学，寒窗苦读十年之后，终于做了官。他性格善良，为老百姓做了不少好事，但他二十多了却还没有成家。

做官之后，吴堪在小溪边建了一栋小房子。溪水清澈见底，吴堪心生爱怜，在溪水源头处建了一些遮蔽物，以免把溪水弄脏了。在吴堪的倡导下，邻居们也对这条小溪爱护有加。吴堪经常在水边散步，看到净澈的小溪，心情就会欢快明朗。

有一天，吴堪在水边散步时，在溪边的草丛中发现了一个很大的白螺。他欣喜异常，把它带回家里养了起来。

晚上，吴堪处理好县衙的事务，拖着疲惫不堪的身子回到家中，发现桌子上有几碟小菜和煮好的粥。吴堪拿起筷子尝了尝，觉得饭菜非常可口，心想：大概是东院的王奶奶看我奔波劳累，为我做了这些美味的饭菜。吴堪吃完之后，看了会儿书，很快就进入了梦乡。

第二天一早起来，吴堪发现桌上又摆好了饭菜。就这样过了十余天，饭菜从来没有间断过，吴堪心里非常感激。这天，回到家后，吴堪吃完饭菜就去了东院的王奶奶家，想感谢她这些天对他的照顾。

王奶奶说："哪里是我给你做的饭呀，你每次离开家之后，就会有个十七八岁的女孩子去你家做饭。那女孩子不仅长得漂亮，而且看起来很像一个知书达理的大家闺秀呢！"

吴堪疑惑地说："我并不认识她呀！"这时他突然想到，自从他把白螺带回家，家里才开始每天都有做好的饭菜，难道是白螺做的饭？他把这些告诉王奶奶之后，王奶奶说："这还不简单，明天你像往常一样从家里出发，然后到我家，趴在墙头上看看是不是白螺不就行了。"

第二天早上，吴堪来到王奶奶家中，听到自己院子里有动静之后，他便悄悄地爬上了墙头，果然看到白螺姑娘在细心地为自己准备饭菜。吴堪跑回家中，白螺姑娘见到吴堪之后躲避不迭。吴堪向白螺姑娘作揖，感谢她这些天来的悉心照料。白螺姑娘说："应该是我感谢你才对。水神见你保护水源，为民做主，可怜你独自居住，才命令我过来服侍你。"

之后，在王奶奶的帮助下，吴堪与白螺姑娘结为夫妇。一时间，方圆百里的居民都知道吴堪娶了个非常漂亮贤惠的妻子。当时的宰相听说吴堪娶了个仙女，其美貌可以和月宫里的嫦娥相比，他心里非常嫉妒，一心想把白螺姑娘据为己有。因此，这位宰相处处刁难吴堪。

宰相对吴堪说："听说你的妻子是仙女，那么自然无所不能了。本官需要蛤蟆毛和鬼臂，你肯定能帮我这个忙吧。"吴堪只得硬着头皮答应下来。回到家后，吴堪默默不语，看着美味的饭菜却无心下咽，不得已和白螺姑娘说明了情况。白螺姑娘说："那有何难，相公放心，我可以帮你找到。"

在白螺姑娘的帮助下，吴堪拿到了蛤蟆毛和鬼臂。宰相一看这都难不倒他，对他更加怀恨在心。过了几天，宰相又召见吴堪，说："我要一个蜗牛，你立马给我找来。"吴堪赶紧跑回家，让白螺姑娘帮忙找蜗牛。白螺姑娘心想：这是摆明刁难我们夫妻两个，宰相肯定是居心不良。如果现在给了他蜗牛，不知道明天又会要什么。于是，白螺姑娘心生一计，去厌火国带来了一只祸斗，然后和吴堪一起去见宰相。

宰相见到白螺姑娘心里很高兴，但是看到吴堪的手上牵着一条"狗"，便问道："我要的是蜗牛，你为什么拿狗来糊弄我？"

　　白螺姑娘说："大人有所不知，它可不是狗，它名叫祸斗，能吃火拉火，非常有意思。"宰相当场检验，立马生了一盆火。果然，祸斗能吃火拉火，但是，不一会儿宰相的家中就到处是火苗，他的房子很快也着火了。宰相狼狈不堪地逃了出来，从此以后再也不敢找吴堪的麻烦了。

　　从此，吴堪和白螺姑娘幸福地生活在一起。

yàn huǒ guó zài qí nán qí wéi rén shòu shēn hēi
厌火国在其南，其为人兽身黑

sè huǒ chū qí kǒu zhōng yì yuē zài huān zhū dōng
色，火出其口中。一曰在讙朱东。

——《山海经·海外南经》

知识拓展

在我国东南沿海一带，流传着一个"田螺姑娘"的故事。故事大意是：有一个以打柴为生的单身汉，有一天从山上回家，发现有人已经为他准备好饭菜。第二天，他提前回家观察，发现从水缸中跑出一只大田螺，田螺壳张开后，从里面跳出一个美女。原来这田螺是他祖先养育的，为了报恩就给他准备饭菜。年轻人把田螺壳藏了起来，这样田螺姑娘不能变回去，只好与这个年轻人结婚生子。可是当他们的孩子长到六七岁时，一起念书的同伴讥笑孩子的母亲是田螺精。孩子回到家后，把这件事告诉了母亲。田螺女十分气愤，向丈夫索回田螺壳，然后就不见了。

3. 后羿射日

　　传说古时候，天空中曾有十个太阳，他们都是帝俊的儿子。这十个太阳跟他们的母亲羲和共同住在东海边上。羲和经常把十个孩子放在东海里洗澡。洗完澡后，让他们像小鸟那样栖息在扶桑树上，其中九个太阳栖息在长得较矮的树枝上，另一个太阳则栖息在树梢上。当黎明即将到来时，栖息在树梢上的太阳便坐着六条龙拉的双轮车，穿越天空，照耀人间，把光和热洒遍世界的每个角落。

　　十个太阳轮流当值，秩序井然，天地万物一片和谐。人们日出而作，日落而息，在大地上生活得非常幸福。人和动物也能和睦相处。那时候人们感恩于太阳给他们带来了时辰、光明和欢乐，经常面向天空磕头作揖，顶礼膜拜。

　　可是，这样的日子过长了，十个太阳开始觉得无聊，他们想一起周游天空，觉得那样肯定很有趣。于是，当黎明来临时，十个太阳一起爬上双轮车，踏上了穿越天空的征程。这一下，大地上的人和万物就受不了了。十个太阳像十个大火团，他们一起放出的热量烤焦了大地，庄稼都枯干了，人们热得喘不过气来，很多老百姓都快要饥渴而死了。因为天气酷热，一些怪禽猛兽，像凿齿和九婴等，也都从干涸的江湖和到处是火焰的森林里跑出来，在各地残害生灵。

　　当时，民间有位少年叫后羿，他生来就是射箭的天才，长大后更是力量惊人，箭法超群。他曾在寿华之野杀死了凿齿，又到凶水河上杀死了九婴，还除掉了很多危害人类的野兽。后羿意识到人们生活在灾难中的根本原因是十日并出，就决心冒着生命危险，帮助人们摆脱苦难。他带着红色的弓和尾部装饰有羽毛的短箭（这是以前帝俊赐给他的）就上路了。

后羿历尽艰险，终于登上了天台山。登高望远，骄阳似火。他张弓搭箭，对准天空射去，只听"轰隆"一声巨响，一个太阳被射中了。其他的太阳都吓得浑身打战，急得团团转。就这样，后羿一支接一支地把箭射向天空，神箭无一虚发，九个太阳先后被射落。中了箭的九个太阳一个接一个地死去，光和热一点一点地减退了。

当他还想再射时，突然想到，如果没有太阳，大地将一片黑暗，人类也难以生存，便留下最后一个太阳，让他造福人类。

> yì yǔ záo chǐ zhàn yú shòu huá zhī yě   yì shè shā
> **羿与凿齿战于寿华之野，羿射杀**
> zhī   zài kūn lún xū dōng   yì chí gōng shǐ   záo chǐ chí
> **之。在昆仑虚东。羿持弓矢，凿齿持**
> dùn   yì yuē chí gē
> **盾。一曰持戈。**
>
> ——《山海经·海外南经》

🔖 知识拓展

羲和是帝俊的妻子，她为帝俊生了十个太阳儿子。她常常在东海之外的甘渊，用清凉甜美的泉水为她的儿子们洗澡，让一个个的太阳鲜洁而明亮，使得他们出去当值的时候，能更好地尽到自己的职责。《山海经·大荒南经》中说："东南海之外，甘水之间，有羲和之国。有女子名曰羲和，方浴日于甘渊。羲和者，帝俊之妻，生十日。"帝俊是我国古代神话中的天帝，传说他是鸟头，上有两角，猴身，一条腿，弓背，手拿拐杖，走路一拐一拐的。他有两个妻子，除了羲和，还有一个叫常羲，为他生了十二个月亮女儿。

4. 大禹治水

大禹是我国古代最有名的治水英雄。

当尧还在世的时候，中原地区洪水泛滥，无边无际，淹没了庄稼，淹没了山陵，淹没了百姓的房屋。百姓流离失所，很多人只得背井离乡，四处流浪。水患给百姓带来了无边的灾难，尧决心要消灭水患，就把治水的任务交给了禹的父亲鲧（gǔn）。

鲧治水九年，大水还是没有消退。鲧实在是走投无路，他听说天帝有一种能生长不止的土壤——息壤。于是，他偷偷地到天上盗取了天帝的息壤。天帝知道后十分生气，命令火神祝融把鲧杀死在羽山的郊野。

鲧死了三年，但是尸体依然没有腐烂，并且肚子很大。天帝听说这件事情之后，命人用刀剖开鲧的肚腹，鲧的肚子里竟然蹦出来一个小男孩。天帝给他取名为禹。

禹很快就长大了，他为人谦逊，待人有礼，做事认真，生活也非常简朴。后来舜开始治理国家，他碰到的首要问题也是治水。大臣们都说禹有治水的天赋，纷纷举荐禹去治水。舜并不因禹是鲧的儿子而轻视他，而是很快就把治水的重任交给了他。

考虑到这一任务的艰巨性，舜又派伯益和后稷两位贤臣和禹一道，协助禹治水。禹不敢有丝毫懈怠，他暗暗下定决心："我的父亲因为没有治好水，而给百姓带来了苦难，我一定努力治水。"

禹带领着伯益、后稷和一批助手，跋山涉水，风餐露宿，走遍了当时中原大地的山山水水，就连穷乡僻壤、人迹罕至的地方都留下了他们的足迹。大禹左手拿着准绳，右手拿着规矩，走到哪里就测量到哪里。他吸取了父亲失败的教训，发明了一种通过疏导来治水的新方法，其要点就是疏通水道，使得水能够顺利地东流入海。大禹每发现一个地方需要治理，就到各个部落去发动群众一起施工。每当工程展开的时候，他都和百姓一起劳动，吃在工地，睡在工地，挖山掘石，披星戴月地劳作。

大禹根据山川地理情况，将中国分为九个州，即冀州、青州、徐州、兖州、扬州、梁州、豫州、雍州、荆州。他的治水方法是把整个中国的山山水水当作一个整体来治理。他先治理九州的土地，该疏通的疏通，该平整的平整，使得大量荒芜的土地变成肥沃的田野。然后他治理山川，疏通水道，使得水能够顺利往下流，不至于堵塞，长江以北的大多数河流都留下了他治理的痕迹。

大禹治水一共花了十三年的时间。在他的努力下，咆哮的河水失去了往日的凶恶，驯服平缓地向东流去；昔日被水淹没的山陵又都露出了峥嵘之象，农田肥沃，粮食丰收，百姓又能筑室而居，过上幸福富足的生活了。

后人感念禹的功绩，在不少地方建造了禹庙、禹陵，以表达对他的尊敬与崇拜。

洪水滔天。鲧窃帝之息壤以堙洪水，不待帝命。帝令祝融杀鲧于羽郊。鲧复生禹。帝乃命禹卒布土以定九州。

——《山海经·海内经》

知识拓展

　　禹娶了涂山氏，婚后不久便离家治水去了，一别十三年没能返回家园。在治水期间，禹三过家门而不入。有一次，他听到了婴儿的啼哭声，那是他的妻子涂山氏为他生下了儿子启。禹从门外经过，听见哭声，也狠下心没进去探望。所以自古有大禹治水"三过家门而不入"的佳话。

　　涂山氏日夜向丈夫治水的方向远眺，但望穿秋水，也不见禹归来。她朝思暮想，最终化作一块望夫石，立在涂山的东端，后人把它叫作启母石。

5. 精卫填海

发鸠山上有一种柘树，柘树林里生活着一种小鸟，叫"精卫"。精卫鸟的羽毛黑黑的，有点像小乌鸦。它的脑袋上还有花纹，嘴白白的，爪子红红的。精卫经常衔着西山的石子、树枝飞往东海，把石子、树枝扔到海里，然后再回来衔运。

它为什么要这么做呢？这里有一个动人的故事。

精卫在变成小鸟前，是炎帝的小女儿。炎帝最疼爱她，给她取名女娃。女娃常常穿着一双小红鞋跑到田野里，把很多花插在自己头上，打扮得漂漂亮亮的。她在田野里高高兴兴地沐浴着阳光，欣赏着周围的一片生机。万物在阳光下生长，鸟兽在阳光下欢腾。

女娃还喜欢跑到东海边上去看日出，当她看到霞光万道、光芒四射的一轮红日跳出海面的时候，她开心极了，突然很想去看看大海的尽头是什么样的。可是炎帝不同意，说大海表面上风平浪静，其实很容易发生大风暴，一个小孩子在海里游泳太危险了。

女娃太想知道大海的尽头是什么样的，而且她有些任性、叛逆。有一次，趁炎帝外出，她就自己跳进大海向前游去。游啊，游啊，一开始她很快活，游得很起劲。后来越游越远，不料，一阵风浪袭来，把她吞没了。

可是，女娃的精魂没有死，她化作精卫鸟，头上的野花化作脑袋上的花纹，脚上的小红鞋变成了红红的爪子。她越想越恨，大海那么凶暴，不知道还有多少人会跟她一样受到伤害。于是她衔起山中的石子，转身又向大海飞去，将石子丢进那浩瀚无边的大海，她发誓：一定要填平大海。

精卫鸟一刻不停地从西山衔来石子和树枝，往东海里扔。即使遇到狂风暴雨，它也在风雨中穿行着填海。日复一日，年复一年，精卫始终在东海与西山之间来回。

精卫黑色的身影，在一望无际的海面上，显得十分渺小，但是她为了达到目标而坚持奋斗的精神却让人敬佩。

> 又北二百里，曰发鸠之山，其上多柘木。有鸟焉，其状如乌，文首、白喙、赤足，名曰精卫，其鸣自詨。是炎帝之少女名曰女娃，女娃游于东海，溺而不返，故为精卫，常衔西山之木石，以堙于东海。漳水出焉，东流注于河。
>
> ——《山海经·北山经》

🏵 知识拓展

远古时期，人们对于自然规律的掌握有限，征服自然的能力还比较低。面对高山大川，人们既有敬畏之心，又有征服的欲望。和精卫填海一样，体现人们勇于征服自然精神的故事有很多，比如愚公移山。故事讲的是，愚公家门前有太行、王屋两座大山挡着出行的路，他决心把山移走。而"聪明"的智叟还笑愚公太傻，认为这个做不到。愚公说："我死了还有儿子移山，儿子死了还有孙子，子子孙孙无穷无尽，又何必担心挖不平山呢？"后来愚公的奋斗精神感动了天帝，天帝命夸娥氏的两个儿子搬走了这两座大山。

6. 女娲造人

女娲，神话传说中人类的始祖。她是创造人类的伟大母亲，赢得了人们最深情的爱戴。

盘古开天辟地以后，天上有了太阳、月亮和星星，地上有了山川草木，甚至有了鸟兽虫鱼，但这时还没有人类，世界不免显得有些荒凉寂寞。女娲走在这片苍茫的原野上，看看周围的景象，感到非常凄凉。她觉得在这天地之间，应该添一点什么东西进去，让它变得富有生气。

添一点什么东西进去呢？她一时也想不出来。

她一直走呀走呀，走得有些疲倦了，于是在水边停下来休息。澄澈的水面照见了她的面容和身影：她笑，水里的影子也向她笑；她皱皱眉头，水里的影子也向她皱眉头。她猛然醒悟了，这天地之间不就是少了像自己一样的生物吗？那为什么不创造一种像自己一样的生物加入这个世界呢？

这样想着，她顺手从水边抓起一团黄泥，在手里揉捏成一个娃娃样的小东西，然后把这个小东西放到地面上。奇迹出现了，这个泥捏的小家伙，刚一接触到地面，马上就拥有了生命，并开口喊："妈妈!"接着就兴高采烈地跳跃和欢呼。

女娲看着她亲手创造的这个聪明美丽的生物，又听见"妈妈"的喊声，不由得乐在心头，喜上眉梢。她给她创造的这可爱的小东西取了一个名字，叫作"人"。

女娲对自己的作品感到十分满意。于是，她又继续用黄泥做了许多能说会走的可爱的小人儿。这些小人儿在她的周围欢呼跳跃，嘴里喊着："妈妈! 妈妈!"这使女娲心里有说不出的高兴。从此，她再也不觉得孤独和寂寞了。

女娲一直忙碌着，直到晚霞布满了天空，星星和月亮照耀着大地。夜深了，她只能把头枕在山崖上，略睡一会儿。第二天，天刚微亮，她又赶紧起来继续她的工作。

女娲一心想用这些灵敏的小人儿来装点大地。但是，大地毕竟太广阔了，仅靠她自己捏泥人，速度太慢，而她也已经忙碌得有些疲倦了。于是，她想出一个提高效率的办法，她从崖壁上拉下一根枯藤，把枯藤伸入泥潭里，将水搅成浑黄的泥浆，向地面上一挥，泥点溅落的地方，就出现了许多小小的叫着、跳着的小人儿，和先前用黄泥捏成的小人儿没有两样。"妈妈，妈妈"的叫声响遍四野。

用这种方法造人，果然简单省事。藤条一挥，就有许多新的人出现，大地上不久就布满了人。

女娲做完造人的工作以后，就安详地闭上了双眼，但是她的身体却像盘古一样转化为宇宙间的其他东西。据说，她的肠子化成了十个神人，这十个神人就住在栗广之野。那么，女娲身体的其他部位会化成什么令人惊奇的东西呢？

yǒu shén shí rén， míng yuē nǚ wā zhī cháng， huà wéi
有 神 十 人 ， 名 曰 女 娲 之 肠 ， 化 为

shén， chǔ lì guǎng zhī yě； héng dào ér chǔ
神 ， 处 栗 广 之 野 ； 横 道 而 处 。

——《山海经·大荒西经》

🌀 知识拓展

女娲造人之后，人们安居乐业，四海歌舞升平。后来，共工与颛顼（zhuān xū）争帝位，共工怒触不周之山，导致天柱折断，大地沦陷，洪水泛滥，人们流离失所。女娲看到她的子民们陷入巨大灾难之

中，决心炼石补天。于是，她周游四海，遍历群山，选择补天的材料。最后她来到了五座仙山之一的天台山，选出许多五彩缤纷的石头，把它们放在熔炉里熔化。历时九天九夜，女娲炼出了五色石 36 501 块；又用时九天九夜，用掉了 36 500 块五色石才把天空补好。从此，人们又重新过上了幸福安康的生活。在小说《红楼梦》中，贾宝玉出生时口中含着一块玉石，所说就是女娲补天剩下未用的那一块五色石。

7. 神农本草

　　炎帝是上古帝王，传说因为他懂得用火，所以号称炎帝。又因他创作了很多农具，教人们种庄稼，使百姓获得很大的好处，所以又被称为"神农"。

　　上古时候，人们靠捋草籽、采野果、猎鸟兽维持生活。有时吃了不该吃的东西，会中毒，严重的会被毒死。人们得了病，也不知道对症下药。神农为这事犯愁，决心尝百草，定药性，为大家消灾祛病。

　　他带着一批臣民，从家乡历山出发，向西北大山走去。他们走啊，走啊，走得腿肿了，脚上磨起茧了，仍然坚持走，整整走了七七四十九天。神农看到山上长满奇花异草，大老远就闻到了香气。这时，突然从峡谷中窜出来一群狼虫虎豹，把他们团团围住。神农马上让臣民们挥舞神鞭，向野兽们打去。打走一批，又拥上来一批，一直打了七天七夜，才把野兽赶跑了。那些狼虫虎豹身上被神鞭抽出一条条伤痕，后来变成了它们身上的斑纹。

　　这时，有臣民觉得这里太险恶，劝神农回去。神农摇摇头说："不能回去！黎民百姓饿了没吃的，病了无法医治，我们怎么能回去呢！"说着，他又带头进入峡谷，来到一座大山脚下。这山半截插在云彩里，四面是悬崖，悬崖上挂着瀑布，长着青苔，溜光水滑。臣民们又劝他说："算了吧，还是趁早回去吧！"神农摇摇头说："不能回去！黎民百姓饿了没吃的，病了无法医治，我们怎么能回去呢！"

　　神农带着臣民，辛辛苦苦搭起木架，终于登上了山顶！白天，神农亲自采摘花草，放到嘴里尝；晚上，他叫臣民生起篝火，他借着火光把当天尝过的花草详细记载下来：哪些甜，哪些苦，哪些热，哪些凉，哪些能充饥，哪些能医病，都写得清清楚楚。

有一次，神农把一棵草放到嘴里一尝，霎时感觉天旋地转，一头栽倒。神农明白自己中了毒，可是已经不会说话了，只好用最后一点力气，指着面前一棵灵芝草，又指指自己的嘴巴。臣民们连忙把那灵芝草放到他嘴里。神农吃了灵芝草，仅半炷香的工夫，毒气就解了。从此，人们都知道灵芝草能够解毒。

神农尝完一山花草，又到另一山去尝，一直尝了七七四十九天，走遍了山山水水。他尝出了小麦、水稻、谷子、高粱能充饥，就把种子带回去，让黎民百姓种植；并且根据搜集的草药写成《神农本草》，为天下百姓治病。

神农为黎民百姓找到了充饥的五谷、医病的草药，使得百姓能够安居乐业，他自己也非常开心。

yǒu dǐ rén zhī guó　　yán dì zhī sūn míng yuē líng qì
有 氐 人 之 国。炎 帝 之 孙 名 曰 灵 恝，

líng qì shēng dǐ rén　　shì néng shàng xià yú tiān
灵 恝 生 氐 人，是 能 上 下 于 天。

——《山海经·大荒西经》

🔖 知识拓展

中药主要由植物的根、茎、叶、果，动物的内脏、皮、骨、器官和矿物药等组成。因植物药占中药的大多数，所以中药也称中草药。中国各地使用的中药已有 5 000 种左右，把各种药材相配伍而形成的方剂，更是数不胜数。神农尝百草，首创中草药，因此，神农被尊为"药皇"。

明代著名医学家李时珍翻山越岭、访医采药，历时 27 年完成《本草纲目》。这部书不仅在中国流传很广，也被译成日文、德文、英文、法文、俄文等多种文字，传遍世界。这部书对中国、对世界的药物学及动物学、植物学的研究，都有重大贡献。

8. 火神祝融

相传，祝融是炎帝的后裔，他的形象十分奇特，虽然长着一副人脸，却是兽形的身体。祝融出行的时候，乘着两条大龙。

祝融从小就特别喜欢玩火。那时，人们刚刚掌握钻木取火的技术，但缺乏保存和使用火的知识。有一次，他父亲的氏族部落长途迁徙，因带着火种走路不方便，祝融只带了钻木取火的石头。晚上，大家要用火了，祝融却取不出火来，顿时气得他将取火的石头向山上扔去，不料石头落下来溅起了几颗火星。聪明的祝融灵机一动，立即想出了新的取火办法。他采来晒干的芦花，用两块尖石头靠着芦花连敲几下，火星溅到芦花上，再轻轻一吹就冒起了火苗。这就是后来的击石取火的方法。

祝融很有正义感。黄帝大战蚩尤时，因为蚩尤人多势众，非常强悍，眼看黄帝就要败下阵来，祝融前来帮忙。祝融命自己的部下准备好火把，等蚩尤的人一到，就四处放火，把蚩尤的队伍烧得焦头烂额，仓皇逃跑。他们乘胜追击，最终打败了蚩尤，立了大功。为此，黄帝重赏了他，命他掌管天下的火，镇守南山，因此祝融被后世尊为火神。武王伐纣的时候，祝融前来助阵，还带领其他几个神一同帮忙。祝融在武王陷入困境的时候竭力帮助武王，使武王增强了伐纣的信心。武王带领军队直破纣王的都城，据说纣王是被祝融放的大火烧死的。

为了表示对祝融为民造福的感激，人们建立了火神庙，民间兴起了祭祀火神的风俗，并迅速传播开来。有的地方还会在每年的正月举办盛大的庙会来祭祀祝融。每逢庙会，人头攒动、热闹非凡，唱戏的、耍杂耍的、燃花放炮的、卖各色小吃的，应有尽有。一些涉及火的手工行业，譬如冶铸、铁匠、陶瓷、鞭炮等，都有祭祀火神的习惯，以确保自己的行业能够兴旺发达。

火神在民间备受尊敬，很多地方都有过年后"迎灶神送火神"的习俗。人们祭祀火神，祈望火神能在人间继续除暴安良，为民造福。

nán fāng zhù róng　shòu shēn rén miàn　chéng
南 方 祝 融， 兽 身 人 面， 乘
liǎng lóng
两 龙 。

——《山海经·海外南经》

知识拓展

在民间流传广泛、影响很大的神，除了火神，还有一位是灶神。灶神，又称灶王爷、灶君，被尊为"一家之主"。传说灶神每年腊月二十三晚上天汇报，除夕夜返回人间。人们为了祈求降福免灾，都会在腊月二十三准备供品。送灶神的供品一般都是一些又甜又黏的东西，如糖瓜、汤圆、麦芽糖等。用这些又黏又甜的东西送灶神，目的是让灶神上天汇报时多说些好话，正所谓"吃甜甜，说好话""好话传上天，坏话丢一边"。

9. 水神共工

在西北海之外，大荒的一角，有一座合不拢的山，名叫不周山。不周山上长有一种名叫嘉美的果树，它的果实像桃子，它的叶子像枣树叶，黄色的花、红色的花萼，吃了这种树的果实可以忘掉烦恼。这座长有神奇果实的山，为什么会是这样的形状呢？据说是颛顼（zhuān xū）和共工争夺帝位时两人发怒互相碰撞造成的。

颛顼是黄帝的曾孙，他聪明敏慧，有智谋，在民众中有很高的威望。与颛顼同时，有个部落领袖叫共工。共工，姓姜，是炎帝的后代。传说他是人首蛇身，长着赤色的头发，他的坐骑是两条龙。

那个时候，人们主要从事农业生产，因此，水源的利用是至关重要的。共工对水利很重视，他发明了筑堤蓄水的办法。

共工有个儿子叫后土，对农业也很精通。他们为了发展农业生产，把水利的事办好，就一起考察部落的土地情况，发现有的地方地势太高，浇水很费力；有的地方地势太低，容易被水淹，这些都非常不利于农业生产。因此，共工制订了一个计划，他把高处的土运去垫洼地，使土地变得平整，这样不仅可以扩大耕种面积，而且有利于水利灌溉，对发展农业生产大有好处。

颛顼视共工为眼中钉，哪里肯赞成共工的做法。颛顼认为，自己在部族中拥有至高无上的权威，整个部族应当只听从他一个人的号令。他以改变自然会让上天发怒为理由，反对共工实行治土治水的计划。于是，颛顼与共工之间发生了一场十分激烈的斗争，表面上是对治土治水的争论，实际上是对部族领导权的争夺。

两人相比，在力气上，共工要强；若论机智，他却不如颛顼。颛顼利用鬼神的说法，煽（shān）动部落民众，叫他们不要相信共工。

当时的人对自然知识缺少了解，对鬼神之事都极为相信。不少人都听了颛顼的话，认为共工如果平整土地，真的会触怒鬼神，引来灾难，因此多数民众支持颛顼。

共工的行为得不到理解和支持，但他坚信自己的想法是正确的。他驾起飞龙来到不周山，猛地一下向不周山撞去。霎时间，一声震天巨响，只见不周山被共工撞开，整个山体裂成两半。没了不周山的阻隔，大江大河的水就都奔腾向东，流入东边的大海里去了。水退去之后，农田面积扩大，农民的收成也增多了。

共工的行为终于得到了人们的理解，因此他死后，被人们奉为水神。

xī běi hǎi zhī wài　　dà huāng zhī yú　　yǒu shān ér
西北海之外，大荒之隅，有山而

bù hé　　míng yuē bù zhōu　　yǒu liǎng huáng shòu shòu zhī
不合，名曰不周，有两黄兽守之。

yǒu shuǐ yuē hán shǔ zhī shuǐ　　shuǐ xī yǒu shī shān　　shuǐ dōng
有水曰寒暑之水。水西有湿山，水东

yǒu mù shān　　yǒu yǔ gōng gòng gōng guó shān
有幕山。有禹攻共工国山。

——《山海经·大荒西经》

🌼 知识拓展

相传不周山是人世间唯一能够到达天界的路径，只可惜不周山顶峰终年寒冷，寒风暴雪，并不是凡夫俗子所能到达的。传言曾经有一个凡人为见神仙一面而只身上山，却有去无回。从那之后，很多人都锻炼身体，加强修行，希望能够有足够的实力攀登不周山，一窥天界风景。

10. 高阳颛顼

相传，颛顼为黄帝的曾孙。颛顼的出生很奇怪，他的母亲女枢（shū）晚上出去看月亮，只见从月亮中射出一道瑶光，像一道美丽的彩虹划过天空，直奔女枢腹中。这样，女枢就怀上了颛顼。颛顼出生时头上戴着干戈，并有"圣德"的字样。

颛顼从小聪慧异常，因而最得他的叔父少昊的喜爱。颛顼也因辅佐少昊治理天下有功，很早就被封到了高阳这个地方。因为当时的人常以地名为姓，所以人们称颛顼为高阳氏。

自从盘古开天辟地以来，有一个由高山与大树组成的天梯沟通天地。天梯原是为神、仙、巫设置的，人间的智者、勇士也能凭着智谋和勇气攀登天梯，直达天庭。那时候，凡人有了冤苦之事，可以直接到天上去向天帝申诉，神也可以随便到凡间游山玩水。

颛顼登上帝位后，吸取蚩尤曾带领苗民造反的教训。他考虑到人、神通过天梯相通易产生灾难，难保将来没有第二个蚩尤煽动世人与他作对。为此，颛顼命令重、黎两人去把天地的通路截断。

重和黎运足了力气，一个两手托天，一个双掌按地，吆喝一声，一齐发力，托天的尽力往上举，按地的拼命向下压，天渐渐往上升，地渐渐向下沉，本来相隔遥远的天地变得更加遥不可及。高山、大树，再也起不到天梯的作用了。从此，托天的重专门管理天，按地的黎专门管理地。凡人上不了天，天神下不了地。这虽然阻断了天地之间的自由往来，却能维持秩序。

颛顼还根据不同地域的地理条件，发展不同的农业。更重要的是，他能观天象，通晓日月星辰的变动规律和四季的更替。他制定了"颛顼历"，将一年定为三百六十天，以现在阴历的十月为起始月，以九月为末月，这在当时是相当科学的历法。

据说颛顼死而复生后化成了鱼。这种鱼，身体比较扁平，一半是人形，一半是鱼体，名字叫作鱼妇。每当风从北方吹来，泉水因为风吹而溢出时，蛇就会变成鱼。死去的颛顼便趁着自己的蛇身还没有完全变成鱼的时候，附到鱼身上去。因此，人们称这种和颛顼结为一体的半人半鱼为鱼妇。

大荒山是太阳和月亮出入的地方，有一支颛顼的子孙后代生活在这里。他们长着三张脸、一条胳膊，据说在这儿生活的人永远不死。

> 务隅之山，帝颛顼葬于阳，九嫔葬于阴。一曰爰有熊、罴、文虎、离朱、鸱久、视肉。
>
> ——《山海经·海外北经》

知识拓展

颛顼的三个儿子出生后不久就死掉了。一个到了长江边上，变成了疟鬼，专门在发洪水的时候散布疟疾病菌到人间，让人们害上寒热病。一个跑到了若水边上，变成魍魉（wǎng liǎng）。这个魍魉眼睛是红色的，通体透明，没事就模仿人的声音来骗人害人。还有一个变成了小孩鬼，经常出来惊吓人间的小孩。这三个，都是害人的东西。为了驱赶他们，每年的腊月初八，人们会敲打着腰鼓，制作出各种金刚和罗汉的纸马，让一个头戴鬼脸面具的壮汉带领，在村里来回游行作法，把这些带给人们疾病和灾祸的妖魔鬼怪驱赶出去。

11. 大战蚩尤

蚩尤是炎帝的后代，在涿鹿之野那场战争中，炎帝被黄帝打败了，迫于无奈退居南方，蚩尤也被俘虏而做了黄帝的臣子。蚩尤天生勇猛，对炎帝的失败很不甘心，他部族的人也都和他一心，愿意听他的调遣。

于是，蚩尤族的人去见了夸父族的人，请求他们助一臂之力。夸父族的人个个长得身材魁梧，力气很大，因此又被称为巨人族。而且，他们喜欢替人打抱不平。夸父族人意见不一，一部分人表示对这种战争没有多大兴趣，另一部分人觉得这正是替弱者抱不平的好机会。那些愿意打抱不平的人就都参加到这场战争里来了。

蚩尤族人得了夸父族人的帮助，如虎添翼，实力和士气重新壮大起来，和黄帝的军队势均力敌、旗鼓相当了。

黄帝对于夸父族人加入战争，十分恼怒，但一时想不出什么好的办法来对付，接连吃了好几次败仗，他很颓丧。战场上蚩尤族的人又在吹烟喷雾了，烟雾虽不算大，但是东一处、西一处，隐蔽着的夸父族和蚩尤族人出其不意的袭击，时常令黄帝的军队措手不及。

黄帝陷入了屡战屡败的境地。

在最后一场战争中，蚩尤族和夸父族的队伍把黄帝的军队重重包围。这时黄帝阵中的应龙大显神威，他蓄积了很多的水，企图用水冲跑蚩尤族的军队。这时，蚩尤上天请了风伯和雨伯前来助阵。风伯和雨伯一挥衣袖，立刻就是一场狂风暴雨，使应龙蓄的水顿时失去了作用。

眼看就要打败仗，黄帝喊来了自己的女儿——魃（bá）。这位天女穿着青色的衣服，可奇怪的是，她的头光秃秃的，要不是听她说话是个女人的口音，大家都要误会她是个和尚了。魃法术高明，她一施法，狂风暴雨都止住了。

黄帝便带领军队一鼓作气，很快拿下了蚩尤。黄帝再也不愿意宽恕蚩尤，所以就在涿鹿这个地方把他杀掉。在杀蚩尤的时候，因为担心他逃跑，黄帝不敢把他手脚上的枷锁马上除去。直到蚩尤死后，才从他身上摘下血染的枷锁，抛掷在大荒之中。后来这刑具化作一片枫林，枫林里的每一片树叶到了秋天都是鲜红的，那便是蚩尤身上迸溅出来的斑斑血迹。

chī yóu zuò bīng fá huáng dì，huáng dì nǎi lìng yìng
蚩尤作兵伐黄帝，黄帝乃令应

lóng gōng zhī jì zhōu zhī yě　yìng lóng xù shuǐ　chī yóu qǐng
龙攻之冀州之野。应龙畜水，蚩尤请

fēng bó yǔ shī　zòng dà fēng yǔ　huáng dì nǎi xià tiān nǚ
风伯雨师，纵大风雨。黄帝乃下天女

yuē bá　yǔ zhǐ　suì shā chī yóu
曰魃，雨止，遂杀蚩尤。

——《山海经·大荒北经》

🔴 **知识拓展**

在这场黄帝和蚩尤的大战中，魃立下了赫赫战功。但是魃却因为用尽了神力，不能再飞上天了。她居住的地方竟然一滴雨也没有，当地的老百姓常常颗粒无收，叫苦连天。后来黄帝听从叔均的建议，把她安置在赤水的北边，所以魃原来居住的地方再也不受旱灾的威胁了，叔均也因此成了田神。魃非常想念天上的生活，所以总是不安分，经常逃跑，并且她逃到哪里，哪里就会遭遇旱灾。要想驱逐她，就要诚心祷告："神呀，回到北方你的故居去吧！"据说只要诚心祷告，就能够风调雨顺，五谷丰登！

12. 夸父逐日

有座山名叫夸父山，山上生长着许多棕榈树、楠树和小竹子。山的南面有很多玉石；山的北面有很多铁矿石，还有一片桃林，方圆三百里，林中有很多马。

夸父山下有一个夸父国，这里的人右手拿青蛇，左手拿黄蛇。他们勇敢坚强，敢于挑战，善于奔跑，身材高大无比，力量惊人。夸父族的人都是夸父的子孙后代，这里一直流传着"夸父逐日"的故事。

夸父看见太阳每天从东方升起，又从西方落下，然后就是黑暗无边的长夜，直到第二天的早晨，太阳才再从东方出来。夸父心想：每天晚上，太阳躲到哪里去了呢？我要去追赶太阳，把它抓住，让它固定在天空中，让大地不分昼夜，一直都是光辉灿烂的。

于是他迈开大步，在原野上如风般地奔跑，向着西斜的太阳追

去，瞬间就跑了一两千里。他一直追到了禺谷，也就是太阳沉落的地方。

他跑呀，跑呀，心里想：一定要在太阳落山之前追到它！越来越近了，一团红亮的火球就在夸父的面前，他情不自禁地举起手臂，想把面前的太阳捉住。就在这时，他忽然感到焦渴难耐。这并不奇怪，因为他这样近距离地被酷热的太阳烤着，加上奔跑了很长时间，实在有些筋疲力尽了。

他只得暂时放弃了想要追捕的太阳，俯下身子来，去喝黄河、渭河里的水。随着他"咕咚咕咚"一通畅饮，霎时间两条大河的水都被他喝干了。可是即使是这样，他依然觉得口渴。

他继续向北方跑去，准备去喝大泽里的水。可惜还没有到达目的地，他高大的身躯就倒下了，大地和山河都因为这个巨人的倒下而发出"轰轰隆隆"的巨响。这时太阳正向禺谷落去，把最后几缕金色的光辉照在夸父的脸颊上。夸父遗憾地看着正在西落的太阳，"唉——"地长叹了一声，把手里拄的拐杖奋力往前一抛，就闭上眼睛长眠了。

第二天早晨，太阳又从东方升起，金光普照着大地，人们发现昨天倒在原野上的夸父，已变成了一座巍峨的高山；夸父的手杖，变成了一片绿叶茂密、硕果累累的桃林。

夸父死后，他的后代子孙就居住在夸父山下，生儿育女，繁衍生息。每次吃到鲜美的桃子，他们都会想到勇往直前、不达目的誓不罢休的夸父。

夸父与日逐走，入日。渴欲得饮，

饮于河渭，河渭不足，北饮大泽。未

至，道渴而死。弃其杖，化为邓林。

——《山海经·海外北经》

🀫 知识拓展

据说后羿射下了九个太阳，造福天下的黎民百姓。西王母钦佩后羿的作为，送给了后羿一颗丹药，并说："吃了这颗丹药就能升天成仙。"后羿就把这颗丹药交给妻子嫦娥保管，嫦娥将药藏进梳妆台的百宝匣里。

不过，后羿获得仙丹这件事情被他的徒弟逢（páng）蒙知道了。当后羿带着徒弟们外出狩猎时，心怀鬼胎的逢蒙假装生病，留了下来。后羿和其他徒弟一走，逢蒙立马手持宝剑闯入后羿家里，威逼嫦娥交出丹药。嫦娥知道自己不是逢蒙的对手，危急之时她当机立断，转身打开百宝匣，拿出丹药一口吞了下去。嫦娥吞下药后，突然飘飘悠悠地飞了起来。她飞出了窗子，飞过了郊野，越飞越高，后来飞到月亮上，就这样做了月中仙女。

百姓们闻知嫦娥奔月成仙的消息后，纷纷在月下摆设香案，向善良的嫦娥祈求吉祥平安。从此，中秋节拜月的风俗在民间传开。

13. 舜德感天

舜的生母叫握登，在舜很小的时候就去世了。他的父亲瞽（gǔ）叟又续娶了一个妻子，也就是舜的继母，继母生了个儿子取名为象。

传说舜的父亲非常固执且心术不正，继母则仗着舜父的宠爱而十分嚣张，弟弟象桀骜（jié ào）不驯。瞽叟夫妇对象宠爱娇惯，对舜则无情迫害。象仗着父母的宠爱，也经常欺负舜，使舜的童年异常悲惨凄苦。

舜是如何面对这样苦难的家庭环境的呢？他遇到毒打的时候就躲避，遭到辱骂也忍气吞声，恭恭敬敬地侍奉父亲和继母，对弟弟也是越来越好，凡事都让着弟弟。

瞽叟要迫害这样一个事事顺从的儿子似乎无计可施。于是，他就逼着舜到条件最差的历山去耕田，到渔事纠纷最多的雷泽去捕鱼，到废品成堆的河滨去制陶。所有这些，舜都以艰苦劳动、勤奋钻研、虚心向长者和能者求教而化险为夷，闯过了一个又一个难关，并赢得了部族广大成员的崇敬和信任。

帝尧向各个地方的首领征询继任人选，大家一致推荐舜。于是，尧决定选舜为自己的接班人，并且把自己的女儿嫁给了舜，封国为虞。但是这并没有使瞽叟等人停止对舜的迫害，相反，却引起瞽叟、继母和象对舜的更大嫉恨。他们想杀掉舜，然后让象霸占舜的一切。

瞽叟、继母和象日夜冥思苦想如何杀掉舜，后来三个人终于想出了一个坏主意。

瞽叟让舜修补仓房的屋顶，他却在下面纵火焚烧仓房。他们三人心想："这下终于可以摆脱掉舜了！"没想到舜拿着两只斗笠做成翅膀，在火势蔓延前就从房上跳了下来。这可气坏了这三个人。

第二天，瞽叟又让舜掘井，井挖得很深时，瞽叟和象却在上面填土，要把井堵上，将舜活埋在里面。幸亏舜早就看穿了他们的心思，事先在井旁边挖了一条通道，并躲在里面，才得以幸免于难。

瞽叟和象看到井里没什么动静了，以为阴谋得逞。于是，他们开始分舜的东西。象想要琴和舜的妻子，瞽叟说要牛羊和仓房。于是，象住进了舜的房子，弹奏舜的琴，还将舜的妻子改嫁给自己。

舜躲了一阵子之后，回到家中。瞽叟、继母和象大吃一惊，他们觉得舜能逃脱，必然是有神灵相助，从此之后再也不敢想法害他了。舜对于之前所遭受的种种迫害，也不放在心上，一如既往地孝顺父母、友爱兄弟，而且比以前更加诚恳谨慎。

自此之后，舜终于过上了和睦美满的生活。

yǒu yuān sì fāng   sì yú jiē dá   běi zhǔ hēi
有 渊 四 方 ， 四 隅 皆 达 ， 北 属 黑
shuǐ   nán zhǔ dà huāng   běi páng míng yuē shào hé zhī
水 ， 南 属 大 荒 。 北 旁 名 曰 少 和 之
yuān   nán páng míng yuē cóng yuān   shùn zhī suǒ yù yě
渊 ， 南 旁 名 曰 从 渊 ， 舜 之 所 浴 也 。

——《山海经·大荒南经》

🏵 知识拓展

舜的父亲叫瞽叟，"叟"是老年男子的意思，"瞽"的意思是眼盲。舜父亲的眼睛之前能看见，后来不知怎么就失明了。有一天，天气晴朗，花开得很旺盛，象的母亲一时开心，在瞽叟面前说花是多么好看，颜色又是怎样的艳丽。瞽叟一言不发，没精打采地坐在太阳底下。舜过来给父亲问安，见父亲心情不好，忙问："怎么啦?"瞽叟突然哭着说："我多想看一下鲜艳的花朵，多想看看我的家人们……"

说到最后，连话都说不清楚，只是在那痛哭流涕。

舜心里难过，跪在地上，抱着父亲说："父亲不要难过，父亲不要难过。"一面说一面看到瞽叟的眼泪哗哗地流，竟然不自觉地用舌头去舔父亲的眼睛。瞽叟的眼睛经过舜这么一舔，竟然能看见东西了。瞽叟说："我上辈子是做了什么好事，这辈子能有你这样的孩子，实在是太有福气了。"父子二人相拥而泣。

一时间，舜舐瞽叟的眼睛而使之复明的事情传遍各地，大家都称赞舜是个大孝之人。

14. 嫘祖始蚕

嫘祖，也就是雷祖，西陵国人，是女中豪杰的代表。

嫘祖非常勤劳，经常跟着母亲一起上山采药。有一次，嫘祖看见树上有很多白色的小东西，正好她肚子有点饿，连忙咬了一口，没想到根本嚼不动。嫘祖很好奇，问母亲："这是什么果子呀？"母亲答："这哪是什么果子，这是蚕做的窝，它的名字叫茧。"

嫘祖心想：把它带回去用水煮上一煮，不就容易嚼了吗？于是，她把捡来的蚕茧带回茅舍，放到锅里煮了起来。水开了，嫘祖用棍子不时地翻搅。奇迹出现了，翻搅蚕茧的棍子上带出很多细丝来，越搅越多，越拉越长。

嫘祖仔细观察，细丝原来是从蚕茧上抽出来的。好奇的嫘祖看到又软又细的丝线，不禁灵机一动，心想：要是用它做成衣服，那么穿起来该多舒服呀。于是她试着用蚕丝做了一件衣裳，穿上之后感觉舒服极了，开心得又蹦又跳。嫘祖穿着用蚕丝做的衣服出门，获得了大家的一致称赞。嫘祖的邻居们知道这件事情之后纷纷效仿，不久，整个西陵氏族都学会了做丝绸衣裳，十里八乡的人们都跑到西陵国来学艺。有一天，嫘祖上山采茧，发现成群的小鸟在叼食蚕宝宝。聪明的嫘祖把蚕捉到家里养，每天到岗上、坡下采桑叶喂蚕。慢慢的，野蚕变成了家蚕，再也不怕小鸟来吃了。嫘祖养蚕、缫丝、纺织的美名很快传遍了中原大地。

西陵国与北边的有熊国是近邻。西陵国就把织出的丝绸送给有熊国的国君轩辕。轩辕见到丝绸，感到神奇，又听说是一位西陵国少女发明的，就带领随从来到西陵拜访嫘祖。轩辕见到嫘祖的那一刻，就打心眼里喜欢上了她，当时就向嫘祖求婚。这年六月初六那天，有熊国杀猪宰羊，大摆宴席，轩辕亲驾马车把嫘祖迎娶到有熊国。

　　嫘祖嫁到有熊国，和轩辕黄帝两人相亲相爱，共同为百姓造福。嫘祖经常跋山涉水，深入民间传授植桑养蚕、缫丝织布技术，深受天下百姓敬仰。嫘祖死后，黄帝痛不欲生，按照当时的习俗，把嫘祖的尸体运回老家西陵国，埋葬在西陵岗上。西陵人感念嫘祖的智慧，还专门建了供奉嫘祖的娘娘庙，把嫘祖尊为"先蚕"。

huáng dì qī léi zǔ　　shēng chāng yì　　chāng yì
黄 帝 妻 雷 祖， 生 昌 意， 昌 意

jiàng chǔ ruò shuǐ　　shēng hán liú
降 处 若 水， 生 韩 流。

——《山海经·海内经》

🏮 知识拓展

　　汉唐以来，中原地区发达的农业文明，经甘肃、新疆，传播到中亚、西亚，并远达地中海各国。因为这条路上运输的主要是中国的丝绸，因此也被后人称作"丝绸之路"。在唐朝时，我国的丝绸纺织水平已十分高超。用丝绸做成的衣服，几乎可以用"薄如蝉翼"这个成语来形容。一个波斯商人到唐朝来，见到一位官员说："您的衣服真薄啊，穿了两件还能清清楚楚地看到您胸口的黑痣。"官员听后哈哈大笑，说："我穿的可不止两件。"商人仔细一看才发现，那官员穿了五层衣服，不禁感叹中国高超的丝绸纺织技艺。

15. 石腹生启

前边《大禹治水》中提到，启是禹的儿子，是涂山氏之女生的。而关于启的出生和启的名字，还有另外一个著名的传说。

禹忙着治水，一直到了三十岁还没有结婚。有一次，他治水来到涂山，偶然间碰到一条九尾的白狐狸。这狐狸丝毫不怕大禹，直接走到禹的面前，还不时摇摆着洁白的、蓬蓬的尾巴。禹知道，九尾白狐与龙、凤、麒麟等动物一样属于吉祥的灵物。当时在涂山流传的一首民间歌谣说：谁见了九条尾巴的白狐狸，谁就可以做国王；谁娶了涂山氏的女儿，谁就可以家道兴旺。

禹早就听说过涂山氏有一个女儿，名叫女娇，既贤惠又善良。禹觉得女娇一定可以帮助自己完成治水的任务，就与女娇结了婚。因为治水的任务很重，所以禹结婚四天，就赶紧奔赴治水的岗位了。女娇担心禹治水在外，吃不饱、穿不暖，就跟随着禹在治水附近安了家，照顾禹的饮食起居。禹与女娇约定，女娇听见鼓声就来送饭，否则不要过来。

有一天，意外发生了。禹在开山凿洞时不小心碰落了几块山石，石头正好掉在了鼓上。女娇听到，就连忙带着食物到了工地。可是眼前的景象让女娇大吃一惊，她看见自己的丈夫化作一头巨大的黑熊，一手操钎，一手执斧，正在专注地开凿轩辕山。

原来自己的丈夫竟然是一头面目狰狞的大熊！女娇吓坏了，扔下手中的食物，奔逃而去。

禹赶紧追了上去，他想向妻子说明真相。急切中，他居然忘了恢复自己的本来面目。他边追边喊，可是他越喊，女娇越是不敢停留。就这样，女娇一直跑到了嵩山之下，用尽了力气的她化成了一块大石。

禹见状心急如焚。原来女娇已经怀孕了，再过一段时间孩子就要出生了。可是现在呢，母子都变成石头了。禹悲痛不已，他对石头喊道："还我儿子，还我儿子!"突然间，石头裂开了，一个白白胖胖的小男孩出现了。

禹把这个孩子抱出来，孩子瞪着乌黑闪亮的大眼睛看着他，禹心想：既然这个孩子是从石头中出来的，那么就取名"启"吧。

启后来继承了禹的王位，建立了我国历史上的第一个朝代——夏朝。

> 大乐（tài yuè）之野，夏后启于此儛（xià hòu qǐ yú cǐ wǔ）九代（jiǔ dài），乘两龙（chéng liǎng lóng），云盖三层（yún gài sān céng）。左手操翳（zuǒ shǒu cāo yì），右手操环（yòu shǒu cāo huán），佩玉璜（pèi yù huáng）。在大运山北（zài dà yùn shān běi）。一曰大遗之野（yì yuē dà yí zhī yě）。
>
> ——《山海经·海外西经》

🈷 知识拓展

启和有扈在甘泽大战，但是最后却失败了。启的大臣们纷纷要求再战，启说："不可以，我的领地不小，我的百姓也不少，但是作战却不能取得胜利，这大概是因为我德行浅薄、教化不好。"后来，启注意言行，更加尽心尽力地为臣民做事。无论坐着还是躺着，都只用薄薄的一层席子，吃饭时只吃几个清淡小菜，不弹琴、不观看舞蹈，友爱家人，敬爱长辈，尊敬贤人，任用能人。不满一年，有扈氏就归顺了。

16. 农业之神

炎帝和他的玄孙火神祝融共同治理着南方一万两千里的大地。

炎帝是一位慈爱仁厚的神，他在世的时候，由于大地上的人类不断地繁衍生息，自然界的食物已经不能满足人们的需求了。于是，仁爱的炎帝便教人类如何播种和收获五谷，用自己的辛勤劳动来换取生活所需要的一切。那时候，人类共同劳动、互相帮助，没有阶级之分，收获的果实平均分配，感情亲如手足。

当他要教人类种五谷时，从天空纷纷降落下许多谷种，他收集起这些谷种来，播种在已经开垦的土地上。一次，他看到一只浑身通红的鸟，嘴里衔了一株九穗的禾苗在空中飞过，穗上的谷粒落在地上，他就把它们拾起来种到田里。这些谷物成熟后，人们吃了不但可以充饥，而且可以长生不死。人类从此有了足够的粮食，生活也非常安定了。

为了能让人类过上更加幸福的生活，炎帝又让太阳发射出足够的光和热，使五谷更加苗壮地生长，使人们生活在灿烂温暖的光明中。从此，人类再也不愁衣食，并非常感谢炎帝的恩德，尊称炎帝为"农业之神"。

炎帝看到人类虽然丰衣足食了，但在生活上却还有诸多不便。于是，他又让人们设立了贸易市场，把彼此需要的东西拿到市场上交换。在市场上，可用五谷换兽皮，或用珍珠交换石斧等。有了这种交换，人们的财富就更加丰富起来了。

那时没有钟表，也没有其他记录时间的方法，那人们凭借什么来确定交换的时间呢？炎帝教给人们一个方法：当太阳照在人们头顶上的时候，就到市场上去进行交易，过了这段时间，大家便自动离去，也就散市了。在当时，人们实行起来，感觉既简便，又准确。

在炎帝的影响下，他的后代也为人类做出了许多贡献。如他的重孙殳（shū）制作了射箭用的箭靶；鼓和廷又制作出了一种叫"钟"的乐器。后来，他们两人又经过努力，制作了许多歌曲，使音乐在人间得到广泛流行。

炎帝之妻，赤水之子听訞生炎居，炎居生节并，节并生戏器，戏器生祝融。祝融降处于江水，生共工。共工生术器，术器首方颠，是复土穰，以处江水。共工生后土，后土生噎鸣，噎鸣生岁十有二。

——《山海经·海内经》

🔖 知识拓展

随着生产力的发展和社会的进步，人们物质生活需求不断增加，以物易物的交换方式已经越来越不能适应社会生活的需要了。贝生长于热带、亚热带地区的浅海中，它不仅小巧玲珑，色彩鲜艳，坚固耐用，而且便于携带和计数。随着社会经济的发展和商品社会的形成，人们便把贝作为交换的中介物。这样，我国最早的货币便产生了。

17. 有熊部落

很早很早以前，在姬水河一带，住着一个部落，部落首领叫少典。少典身强体壮、个头很高，他有一张强硬的好弓，又射得一手好箭，经常独自一人携弓带箭，出入深山密林，射猎鸟兽。

有一次，少典外出狩猎时，遇到一只大熊。这只熊比普通熊大得多，就是人们传说的熊将军。熊将军见到少典，连忙跪在地上叩头。少典以为它乞求猎物充饥，拿出一只山鸡扔给了它。它却不理，只是叩头。熊将军见少典不懂它的意思，就调转身子卧伏在少典胯下，摆摆头，轻声吼叫着，示意少典骑在它身上。少典见熊将军反复这样做，眼里似乎还流着泪，猜想定是有急难之事求他，就背起弓箭，跨上了熊将军的脊背。

熊将军驮着少典在山中奔走，许久之后，进入了一条阴森的大峡谷，才渐渐地放慢了脚步。这峡谷里尽是参天古树，密密麻麻，阴阴森森，不见天日。熊将军一边走，一边四处张望，身体也在隐隐发抖。熊将军慢走了约有三五里路，来到一片平坦的青石上停了下来。青石旁有一棵白果树，高十几丈。熊将军靠在大树上，蹭蹭树，摆摆头，轻声叫叫，示意少典爬到树上。

少典背着弓箭，攀缘树干而上。熊将军站在树下，抬头仰望着少典。当少典爬到树腰想停下来时，熊将军摇摇头，举起前掌直指树顶，示意他再往上爬。少典又往上爬了一段，骑在一个树杈上。熊将军围住大树走了一圈看看，又跪下叩头，然后离去。

太阳落山了，少典就在树上歇宿。第二天黎明时分，少典看见平坦的青石上有两道亮光闪烁，又过了一会儿，才看清那亮光是一头巨兽的眼睛发出的。它身躯庞大，全身毛色乌黑，正静静地站在那里，似乎在等候什么。天大亮了，从峡谷那头走出一群熊来，有百余只。它们排队走到巨兽面前，一齐趴在地上，听从摆布。巨兽走进熊群，扑杀了两只，并当场吃掉。之后，熊群才战栗而去。

少典终于领悟了熊将军的用意，这是在请求他除掉这头巨兽。他取弓抽箭，拉满弓，居高临下，连发三箭。巨兽负伤，环顾四周，不知箭从何处来，大声狂吼。树木被震得哗哗作响，如刮了一阵大风。

少典从树叶中露出身子，朝巨兽连喊两声，引它走近前来。巨兽看见少典，疯狂地扑到树下，朝他吼叫。少典急忙拉满弓，对准巨兽喉咙"嗖"的一箭。巨兽中箭后狂蹦乱跳，折腾了好大一阵才气尽而亡。

过了片刻，熊将军走到巨兽身边，确认它真的死了，才仰天大吼。顷刻间，熊群从谷底奔来，有数百头之多，它们齐声大吼，欢呼胜利，声震峡谷，远传数十里。之后，熊群一齐下跪，朝少典叩头。熊将军走到树下，再次朝少典下跪，并示意少典从树上下来。

少典会意，忙从树上下来，骑上熊背。熊将军驮着少典在前，熊群列队随后，送少典回到他狩猎的那片丛林。之后，熊将军再次跪地叩头，熊群也都伏地叩头，然后才依依别离而去。

从此，少典成了熊的救命恩人，与熊交上了朋友。熊还帮助少典打败了狼部落的入侵，重建了家园。后来少典就把部落改名为熊部落。这样久而久之，大家都称少典的部落为"有熊氏"或"有熊部落"。再后来，这个部落逐渐强大，发展成为有熊国，少典就成了有熊国的国君。传说少典娶有蟜（jiǎo）氏，生黄帝、炎帝二子。

狄山，帝尧葬于阳，帝喾葬于阴。爰有熊、罴、文虎、蜼、豹、离朱、视肉。吁咽、文王皆葬其所。一曰汤山。一曰爰有熊、罴、文虎、蜼、豹、离朱、鸱久、视肉、虖交。

——《山海经·海外南经》

🔖 知识拓展

自然界中，大多数熊食性很杂，喜欢吃青草、嫩枝芽、苔藓、浆果和坚果，也喜欢到溪边捕捉蛙、蟹和鱼，掘食鼠类，掏取鸟卵，更喜欢舔食蚂蚁，盗取蜂蜜等。

熊通常给人的感觉是凶悍、笨拙，但实际上它们非常聪敏，看似外表憨厚，其实很细心。熊的性格也非常温柔，特别是对自己的子女，它们虽然表面好似漠不关心，实际上是保持一定距离保护。如果熊崽遇到凶残的对手，大熊会毫不犹豫地挡在熊崽的前面，为了保护熊崽而拼死一搏。亚洲最多的熊是黑熊，又叫狗熊，还有个俗称叫黑瞎子，是国家二级保护动物。黑熊天生近视，百米之外的东西就看不清，不过它的耳、鼻灵敏。平时黑熊以植物为主食，在秋季却大吃昆虫等动物性食品，为的是在体内储存大量脂肪，准备在树洞里冬眠。熊的特长是爬树、游泳。亚洲黑熊分布于中国、印度、俄罗斯、日本等国。

18. 黄帝姬云

有熊国的国君，名叫少典，他是伏羲和女娲的后代。他娶了有蟜氏的两个女儿为妃子，长妃叫女登，次妃叫附宝。少典对这两个妃子非常宠爱，对附宝更是有求必应。

有一天，女登在华亭游玩，忽然看到一条神龙，在她旁边盘旋了许久才离开。女登回到家之后，整日茶饭不思，胃口很不好。少典请来大夫一看，原来是女登怀孕了。十个月后，女登为少典生下了一个男孩，少典为他取名榆罔（yú wǎng），这就是后来的炎帝。

少典着实不喜欢这个儿子，因为炎帝小时候实在是太奇怪了。他刚生下来三天就能开口说话，能和大人做简单的交流。第五天，榆罔已经能在院子里走来走去。第七天，榆罔就长全了牙齿，能像大人一样吃东西。榆罔五岁时，已经无所不通了。榆罔相貌丑陋，脾气急躁，总不能和少典和睦相处。少典就把他和女登养在姜水河畔，所以，榆罔长大后就以姜为姓。

少典本来就宠爱附宝，女登一走，对附宝的关怀更是无微不至。少典和附宝因念子心切，经常到庙里去祈祷，并且更加注意自己的德行。有一天晚上，繁星密布，煞是好看，附宝走到郊外田间散步。突然，一条闪电像银蛇似的，开始围绕北斗七星旋转不停。最后，这道光芒竟然从天而降，落在了附宝的身上。当时的巫婆断言："不久这里必有圣人降生！"

附宝怀孕24个月，天空出现五彩祥云，百鸟朝凤。二月初二这一天，附宝的孩子终于降生了。少典给这个小宝宝取名为"云"，也就是后来的黄帝。少典和附宝住在阴水边，贤良淑德的附宝经常在阴水边洗菜、洗衣服。少典的子民们见附宝人美，心灵更美，纷纷叫附宝

"美姬"。时间一长，这水就被叫成姬水了。黄帝长大后，少典便叫他姬云。

黄帝几个月就能说话，长到七八岁时，就有大人风度；十二三岁就已经智慧超群了；到了十五六岁，身高就已经九尺开外了。他为人敦厚朴实，勤劳善良，很受部族百姓尊崇，被拥戴为部落酋长，成了有熊国的继承人。黄帝利用姬河两岸天然的地理优势与丰富的矿产资源，鼓励部族民众发展农牧业生产，教百姓播五谷，植草木，驯养猪、牛、羊、狗等，使有熊部落很快富庶强盛起来。周围许多弱小部落见黄帝好行仁义，以邻为友，能团结人，就纷纷前来投奔、归顺，使有熊国逐渐成为中原地区最强大的部族。

东海中有流波山，入海七千里。其上有兽，状如牛，苍身而无角，一足，出入水则必风雨，其光如日月，其声如雷，其名曰夔。黄帝得之，以其皮为鼓，橛以雷兽之骨，声闻五百里，以威天下。

——《山海经·大荒东经》

🔖 知识拓展

农历二月初二这一天是龙头节，有很多习俗。据说，武则天当了皇帝之后，玉帝就下令三年之内不可以向人间降雨。但是掌管天河的玉龙看到百姓受灾挨饿，于心不忍，就偷偷降了一场大雨。玉帝得知后，将玉龙贬到凡间，压在一座大山下面。山脚下还立了一块碑，碑上写道："龙王降雨犯天规，当受人间千秋罪。要想重登凌霄阁，除非金豆开花时。"人们为了拯救龙王，到处寻找开花的金豆。

到了第二年二月初二这一天，人们正在翻晒金黄的玉米种子时，猛然想起，这玉米就像金豆，把它炒开了花，不就是金豆开花吗？于是家家户户爆玉米花，并在院里设案焚香，供上"开花的金豆"，专让龙王和玉帝看见。龙王知道这是百姓在救他，就大声向玉帝喊道："金豆开花了，放我出去！"玉帝一看人间家家户户院里金豆花开放，只好召龙王回到天庭，继续给人间兴云布雨。从此以后，每到二月初二这一天，人们就吃"开花的金豆"。

19. 日月盈昃

　　遥远的东方，大洋浩瀚、波涛汹涌，生长着一棵极为高大而繁茂的扶桑树。太阳神帝俊与月神常羲每天都从扶桑出发，驾着自己的车辆，经过一天的巡游，最后在西方的大海中缓缓下降，结束他们白天的工作。帝俊与常羲稍事休息之后，再继续他们的行程，经过大地的另一面，重新回到东方的扶桑之地。

　　后来，帝俊与常羲渐生情愫。在爱神云若的撮合下，帝俊与常羲结婚了，常羲为帝俊生下了十二个如同花朵般美丽的女儿。这十二个女儿分别是在十二个月份里出生的，于是他们就决定用十二种花朵的名字作为十二个女儿的爱称。可惜，这样其乐融融、平静而幸福的生活并没有持续很久。帝俊又爱上了羲和——她长长的秀发犹如黑色的锦缎一般飘散在身后，她的笑声如同悦耳的银铃，她像春天一样清新、活泼、开朗、热情，帝俊深深地迷恋上了她。

　　就这样，帝俊和常羲相处的时间越来越少，只在每月的十五、十六才回家小住两天，然后就编造一个借口，说要与其他神祇游玩、饮酒、集议或狩猎等，下个月才能回来，就这样转身驱车而去。他总是月半才回，稍住两三天就离开。

　　明亮的月亮渐渐变得消瘦无比——人们发现她总是由圆而缺，渐渐如弓如眉。周而复始，年年如是。月神常羲想知道丈夫厌倦自己的原因，她请求女神云若帮助她。云若让她在光明的白天出现，把自己隐藏在层层白云之后，去观察帝俊的行踪。常羲看到帝俊驱车经过空中，身旁相伴并甜蜜说笑的是羲和。车上还有十个面庞灼灼、浑身如火的儿子，在车上挥舞着小手。常羲为此十分生气。

　　帝俊请求盘古劝解愤怒的常羲，并为他们从中调停。盘古发现羲和的生日和常羲的生日正好相隔半年。于是他就想出一个折中的好办法，也就是根据她们两人的生日，将这一年的时间均分为两半，帝俊要不偏不倚地分别陪伴她们两人。

在帝俊即将回来的那一个月里，月神常羲发出的光彩是这一年中最为皎洁、明亮的；在这个月的月半之日，她见了任何人都含着笑意，看起来是那么美丽动人，人们就把这一天称为中秋节。

帝俊离开的日子里，羲和分配给北方的白昼时间越来越短，而冷清的黑夜在这儿持续的时间却越来越长。帝俊离开的这半年，伤心的羲和给北方大地带来冷清的秋季与严寒的冬季。直到帝俊回来了，羲和才能安心于自己的工作，使光明的白昼长于幽暗的黑夜。帝俊与羲和的团聚，为北方大地带来了温暖的春天与火热的夏天。人们便把每年帝俊回来的日子称为春分，把他离开这儿奔向南方的日子称为秋分。

有白民之国。帝俊生帝鸿，帝鸿
生白民，白民销姓，黍食，使四鸟：
虎、豹、熊、罴。

——《山海经·大荒东经》

🔖 知识拓展

我国的地理位置属于北半球，北半球的夏季和南半球的夏季是截然相反的。以南半球的澳大利亚为例，我国是炎热的夏天时，澳大利亚是寒冷的冬天；相反，我国是冬天的时候，澳大利亚则是夏天。

一年之中，只有春分与秋分这两天是昼夜平分。在北半球，春分是 3 月 21 日，从这天开始白天比晚上长。秋分是 9 月 23 日，从这天起白天比晚上短。这跟地球的公转与自转周期有关系。

20. 宝山昆仑

西海的南岸、流沙的边缘、赤水的后边、黑水的前边，有一座大山，名字叫昆仑山。昆仑山是一座宝山，山上什么奇珍异宝、花草鸟兽都有。别的山上很难见到的怪鸟和怪兽，总能在昆仑山上发现它们的身影。昆仑山的下面是深渊，紧挨着炎热的火山。火山的火势旺盛，投进去任何东西都会顷刻间化为灰烬。

昆仑山上有一种兽，形状像羊，但是却有四只角，这种兽的名字叫土蝼（lóu）。在山上见到这种兽一定要远远避开，因为这种兽吃人。

昆仑山上有一种鸟叫钦原，外形像蜜蜂，但是个头有鸳鸯那么大。钦原有剧毒，被它蜇（zhē）了的鸟兽会在几秒钟内死亡，被它蜇了的树木会很快枯萎。

山上有一种凤凰一类的鸟，名字叫鹑鸟，它主管着天帝生活日用的各种器用服饰。

山上有一种树，形状像棠梨，味道像李子，开黄色的花，结红色的果实，果实并没有核。这种果实叫沙棠，看起来似乎是常见的果实，但是吃了这种果实可以防止溺水。因此对于那些经常在水边走动或者在海边生活的人来说，这种果实是能救命的宝物。

山上有一种草，名字叫蓣（pín）草，形状像向日葵，但是吃起来却是葱的味道。知道这种草的人或者神仙都经常服用它，因为这种草有忘记忧愁的功效。有烦心事的时候吃两口，就会马上开心起来。

昆仑山上的岩洞里有一个神，她长着人的脸、老虎的身子、豹子的尾巴，尾巴上有许多白色的斑点。这个神就是西王母。西王母经常像野兽一样大声咆哮，在离得很远的地方都能听得到。西

王母不喜欢打扮自己，在她矮小的梳妆台上，只有一个有孔的圆形玉质发饰——玉胜。她每天早上梳洗完毕之后，就在乱蓬蓬的头发上戴上玉胜。

西王母不仅主管上天的灾难、五刑残杀，还掌管婚姻和生儿育女这些事情。她的日常饮食由三青鸟负责。三青鸟是三只硕大的青鸟，它们长着红色的脑袋、黑亮的眼睛，分别叫大鵹（lí）、少鵹、青鸟。三青鸟经常在昆仑山北边为西王母寻找食物。

昆仑山的管理神是陆吾。陆吾的形状像老虎，也长着老虎一样的爪子，但是他有九条尾巴和人的面孔。陆吾听从天帝的吩咐，除了管理昆仑山之外，还管理着天上九域的部界和天帝畜养牲畜的园林。

西海之南，流沙之滨，赤水之后，
黑水之前，有大山，名曰昆仑之丘。
有神——人面虎身，有文有尾，皆
白——处之。其下有弱水之渊环之，其
外有炎火之山，投物辄然。有人戴
胜，虎齿，豹尾，穴处，名曰西王
母。此山万物尽有。

——《山海经·大荒西经》

🔖 知识拓展

天帝有一个女儿名叫女尸，她死之后葬在姑媱山上，化为䔄草。这种草的叶子互相重叠，开黄色的花，它的果实像菟丝子的果实，吃了这种果实会被人疼爱。

21. 尧舜禅让

讙头国，也叫讙朱国、讙兜国、丹朱国。讙头国的人半人半鸟，脑袋是人，却长着鸟喙和鸟的翅膀，不过他们虽然有翅膀却不能飞，只能当拐杖使用。讙头国的人每天在海中捕鱼，海龙、海马等也是讙头国人的食物。

讙头、讙朱和讙兜其实都是尧的儿子丹朱的别名。帝尧生十子，丹朱为其嫡长子，传说他出生时全身通红，因此取名"朱"。他一开始被封在丹水，所以也叫丹朱。尧为人善良，为民着想，但是丹朱却一点都不像他父亲：他实在是凶狠残忍。丹朱仗着自己的父亲是帝王而为所欲为，处处排挤贤良的大臣，经常向尧举荐和自己沆瀣（hàng xiè）一气的小人。尧一开始苦口婆心，教导丹朱好好做人，并承诺如果他能改邪归正，就赏赐他一方土地，封他做诸侯王，表现好的话，还可能让他继承帝位。但是，每次被尧教育完，丹朱只老实一阵子，过一段时间，就又开始出坏招儿了。面对丹朱的本性不改，尧实在是寒心了。有才能、有智慧、有仁爱之心才能当一个好君主，而这些，丹朱都不具备。因此，尧打定主意不会把帝位传给他。

尧考察了舜一段时间，很是满意，就把天下让给了舜。丹朱气愤不平，去找尧理论。他还对舜处处挑刺，打击报复那些举荐舜当接班人的臣子。尧好说歹说，最后把丹朱放逐到南方的丹水去做诸侯，让丹朱好好反省自己。丹朱到丹水之后，不但不好好反思，反而四处招兵买马，企图推翻舜。

丹朱先是联合三民国的人，后来听说夸父族的人个个身强力壮，善于战斗，于是又请来夸父族的人帮忙。如此一来，舜节节败退，眼看帝位不保。后来，夸父族的首领夸父"逐日"而亡，丹朱失去了重要的支持力量，而此时舜邀请以射箭闻名的后羿部落助阵。一场大战之后，丹朱一败涂地，只好俯首称臣。

尧去世后，丹朱曾回到华夏奔丧。舜决心让丹朱称帝三年，如果在这三年的时间里丹朱能治理好国家，就一直让丹朱为帝。虽然丹朱为了治理国家，也是尽心尽力，但相比而言，还是舜更得人心。大臣们一致认为还是舜继承帝位更合适。后来，舜也以为这是天意，便顺应百姓的呼声再次登上了帝位，而丹朱则被封到房地为诸侯。

丹朱死后，他的精魂化为了鴸（zhū）鸟。他的子孙在南海繁衍生息，形成了一个国家，名叫丹朱国。

讙头国在其南，其为人人面有翼，鸟喙，方捕鱼。一曰在毕方东。或曰讙朱国。

——《山海经·海外南经》

🔖 知识拓展

禅让是古代部落联盟推选领袖的一种方式，指统治者把部落首领之位让给有才华、有能力的人，让更贤能的人治理国家。尧年迈时，把部落首领位置让给舜，推举舜为帝。舜继位后，又用同样的推举方式，以通过治水考验的禹为继承人。禹之子启建立第一个朝代——夏朝，家天下的世袭制由此开始。

22. 操蛇之神

　　夫夫山上盛产黄金，山下盛产石青和雄黄，长满了竹子和鸡骨草，树木大多是桑树和楮树。夫夫山的山神叫于儿，他的样子是人，身上却缠绕着两条蛇，所以也被称为操蛇之神。他经常在江渊一带游玩，他出没时，身上闪闪发光。

　　齐桓公北伐孤竹国，在离卑尔溪不到十里的地方，见到了一个身高一尺左右，穿衣戴帽、褪去了右边衣袖的小人儿，骑着马，飞快地跑过去了。齐桓公很奇怪，就问身边的管仲："这是怎么回事，他怎么脱下了右边的衣袖呢？"管仲笑着回答："恭喜国君！臣听说操蛇之神名叫于儿，身高仅有一尺，但是形貌和人一样。霸王出现的时候，他也就会出现。这个骑着马走在前边的正是操蛇之神，是在为人指路。他脱去衣袖，是告诫我们前方有水。臣见他脱去的是右边衣袖，说明走右边的水路更安全。"

　　在于儿的指引下，齐桓公一行人顺利地渡过了卑尔溪。渡口的人很是惊奇，说："从左边涉水过来的话，水深可淹没头顶，实在是危险至极；从右边涉水，水深最多到腰间。你们初来乍到，竟然走对了路。"原来，于儿的身上缠绕的那两条蛇是他神性的标志。通过那两条蛇，他可以与动物沟通。在指引桓公涉水之前，他事先与水中的鱼虾打听好了安全的路线。

　　于儿除了帮助齐桓公渡河之外，还帮助过愚公。

　　愚公住在太行山和王屋山脚下，由于这两座高山的阻挡，出来进去都要绕道很远。愚公就召集全家人商量，说："我们一起尽力挖平这两座险峻的大山，使道路一直通到豫州南部，到达汉水南岸，可以吗？"家人纷纷表示支持，于是愚公率领儿孙中能挑担子的三个人上了山，凿石头、挖土，干得不亦乐乎。

　　河湾上的智叟讥笑愚公。愚公长叹说："只要坚定信念，没有不会成功的事情。就算我在世时不能移走山，可是我还有孩子们啊。子子孙孙无穷无尽，山却不会增高，还怕挖不平吗？"智叟一时间也无话可说。

　　于儿听说了这件事之后，被愚公的执着精神感动了，就向天帝报告愚公移山的事。天帝决心帮助愚公，就命令大力神夸娥氏的两个儿子背走了太行山和王屋山，一座放在朔方的东部，一座放在雍州的南部。从此以后，从冀州的南部直到汉水南岸，再也没有高山阻隔了。

又东一百五十里，曰夫夫之山，其上多黄金，其下多青、雄黄，其木多桑楮，其草多竹、鸡鼓。神于儿居之，其状人身而手操两蛇，常游于江渊，出入有光。

——《山海经·中山经》

🔖 知识拓展

在中国，有关山神的传说源远流长，《山海经》中就记载了许多有关山神的故事。在藏族先民的原始自然崇拜中，对山神的崇拜尤其突出。在今天，藏族地区的不少地方还保留着祭祀山神的风俗。他们认为，神灵多聚族而居，且多居住在高山之巅。所以，藏区内的高山便成了神话中山神的住处。大山有大山神，小山有小山神。这些山神不仅有各自的来历，而且各有各的形象和作用。人们如果膜拜他供奉他，就会心想事成。一位老牧人说：山神之所以能受到人们的崇拜，是因为他能呼风唤雨，能保佑牧民平安健康，牲畜兴旺。

23. 建木通天

有九座以水环绕的山丘，名为陶唐丘、叔得丘、孟盈丘、昆吾丘、黑白丘、赤望丘、参卫丘、武夫丘、神民丘。九丘之上长有一棵奇怪的树。这棵树的叶子是青色的，树干是紫色的，花是黑色的，果实是黄色的，名字叫建木。这棵树高耸入云，仿佛和天连通着。树干上没有树枝，远远地望去，能看到树的最上面生长着许多弯弯曲曲的树枝。接近地面的部分冒出了不少盘曲在一起的树根。这棵树结的果子像麻，叶子像枻果（也作芒果）的叶子。

小时候，伏羲与妹妹女娲经常在这棵树下玩。他们一开始在树的根部捉小虫子，玩石子。后来，兄妹俩总是抬起头往上看，心想：如果能爬到树顶，那么就可以看到很远的地方了。两个人经常往树上爬，爬到几十米高就停下来。兄妹俩喜欢抱着树干向下看，看到附近的河水很清澈，河边的小草青青的、嫩嫩的，看到远处曼延的群山，山上开满了野花，远看像繁星点点……

伏羲体质比妹妹强，通常妹妹爬一会儿就下去玩了，但是伏羲却爬很久才下来。有一天，伏羲爬得非常高，他看到了叫建木的果实。果实特别好看，黄颜色，小小的，像宝石一样。伏羲摘了一些，放进口袋，就下来了。

女娲接过哥哥给的果实，尝了一个，瞪着大眼睛对哥哥说："我第一次吃这样好吃的果子，怎么这么甜呀！真好吃！谢谢哥哥。"女娲赞不绝口。伏羲非常开心地说："妹妹，我也是第一次吃到这样好吃的果子。你别吃完，留几颗给母亲尝尝。"伏羲说话的时候总是把眼光投向高高的天穹，边看边说："妹妹，不知道通过这棵树能不能爬到天上去，听说天上比人间要美很多倍呢！"

第二天一早，伏羲就鼓起劲往上爬，爬呀爬呀，渐渐地忘了时间。再往上爬了一阵子，原来看起来高高在上的云朵都跑到脚下去了。又爬了一阵子，风越来越大，吹得他睁不开眼睛。再爬了一阵子，他发现了一段小路！"天呀，我真的爬上天啦！"伏羲兴奋地大叫起来。

天上玉树琼花，仙鸟飞舞，祥云缭绕，风景非人间可比。宫殿金碧辉煌，特别有气魄。瑶池的水清澈见底，水里的小鱼在追逐、嬉戏。

伏羲继续往前走，远远地看到一位仙翁。仙翁带伏羲游览了天庭，还摘了一些天上的仙果给伏羲吃。伏羲吃后觉得自己身上多了很多以前没有的能量，脚步也比以前更加轻快有力。原来这位仙翁是受黄帝指派，有意来帮助伏羲的，因为黄帝知道伏羲以后会大有作为。

后来，伏羲成为中华民族的人文始祖、三皇之一，又被称为大暤或太昊。

> yǒu mù　qīng yè zǐ jīng　xuán huá huáng shí
> 有木，青叶紫茎，玄华黄实，
> míng yuē jiàn mù　bǎi rèn wú zhī　shàng yǒu jiǔ zhǔ xià
> 名曰建木，百仞无枝，上有九欘，下
> yǒu jiǔ gōu　qí shí rú má　qí yè rú máng tài hào
> 有九枸，其实如麻，其叶如芒。大暤
> yuán guò　huáng dì suǒ wéi
> 爰过，黄帝所为。
>
> ——《山海经·海内经》

🔶 知识拓展

传说，伏羲的母亲华胥在野外散步的时候，看到天上有一条青色的虹。这条青虹突然从天上降下来，绕住了华胥，过了很久才散开。十二年后，华胥生下了伏羲。也有人说，华胥是在雷泽湖边散步时，踩到了巨人的脚印而怀孕，而那脚印是雷神留下的。

24. 少昊出世

东海之外有一条幽深的沟壑，据说这沟壑没有底，名叫归墟（xū），是少昊建国的地方。少昊就在这里抚养颛顼成长，颛顼幼年玩耍过的琴瑟后来还被丢弃在这里。

少昊是西方天帝，是皇娥和太白金星的儿子。皇娥是凡人，而太白金星却是神仙，或许是因为少昊是人和神结合而生，他从小就天资聪慧，异于常人。

皇娥十八岁时，亭亭玉立，楚楚动人，但她的家境不好。乖巧的皇娥为了补贴家用，经常织布织到半夜也不停下。皇娥心灵手巧，她织的布比一般人织的要平整细腻，因而总能卖上好价钱。

有一天，皇娥像以往一样织布到深夜，筋疲力尽的她走向窗边休息。兴许因为这是一个晴朗的夏天，天空成了星星们的聚集地，一闪一闪的小星星就像许许多多的小灯笼，点缀了单调的夜空。它们像一个个的小精灵，不停地闪烁着神奇的光芒。

夜色这么美好，皇娥决定出去走走。小河边尽是萤火虫，还有许多不知名的小虫子在"大合唱"；晚风吹拂，送来荷花的缕缕清香。皇娥不觉走到河边，心想：荷花开得旺盛，何不深夜赏荷？然后就跳上小船，向河中心划去。

看着天上闪亮的星星，闻着荷花沁人心脾的清香，皇娥觉得十分惬意。"这么美好的夜色，怎么能独享呢？"这时一个男子的声音打乱了皇娥的思绪。皇娥回过头来，看见身边站着一个玉树临风的男子。她好奇地打量着这名男子，见男子容貌如画，光彩照人，皇娥不禁看呆了。

男子说："我是白帝的儿子，名叫太白，也有人叫我启明。今天打扰了姑娘的雅兴,就准备些小菜来赔罪。"太白一挥衣袖,小船上就摆好了一个圆桌,桌子上面摆满了奇珍异果。

皇娥说:"我经常抬头仰望启明星,感叹启明星的闪耀。没想到竟然有这样的机缘,能和您坐在一条船上欣赏这美丽的夜色,品尝这可口的美味。我现在还怀疑自己是不是在做梦呢。"

小船随波荡漾,不知不觉,来到了太西海边的桑树下。桑树高达万丈,根深叶茂,花枝繁盛。它的叶子是红色的,果实是紫色的。太白告诉皇娥,这棵树一万年才结一次果实,吃了这种果实,寿命比天还高。太白与皇娥肩并肩坐在这条小船上,弹琴唱歌,歌声婉转,琴声悠扬。后来,两个人幸福地生活在了一起。过了不久,少昊就出生了。

少昊诞生的时候,天空有五只凤凰,颜色各异,是按五方的颜色红、黄、青、白、玄而生成的。因为凤凰飞落在少昊氏的院里,因此他又被称为凤鸟氏。少昊后来成为神话中五方天帝中的西方天帝。

东海之外有大壑,少昊之国。少昊孺帝颛顼于此,弃其琴瑟。

——《山海经·大荒东经》

🈶 知识拓展

颛顼是由叔父少昊抚养长大的,少昊曾经拿琴瑟给他当玩具。可能因为小时候受到音乐的熏陶,颛顼对音乐有很深的造诣。他曾经命令飞龙作乐,模仿八方的风声,并将乐曲取名为《承云》。颛顼还让鳄鱼领头演奏,鳄鱼就乖乖地躺下,用尾巴敲着肚皮,发出"叮叮咚咚"的声音。

25. 比翼齐飞

崇吾山上有一种鸟，它的样子像野鸭，奇怪的是，它只长着一只翅膀、一只眼睛。这种鸟的名字叫蛮蛮。

因为只有一只翅膀和一只眼睛，所以蛮蛮行动非常不方便。蛮蛮虽然是鸟，但是根本飞不起来，它们只能在出生地附近活动。雄蛮蛮的翅膀长在左边，雌蛮蛮的翅膀长在右边。它们走起路来一拐一拐的，特别痛苦，甚至很难保持直行。所以，蛮蛮生活得非常辛苦。

经过多年的繁衍之后，蛮蛮越来越多，所需要的食物也越来越多。可是，崇吾山这一带经过蛮蛮这么多年的"开垦"，几乎没有什么东西可以吃了。蛮蛮不得不缩小食量，它们经常抬起头看天空中飞来飞去的其他鸟类，感慨道："同样是鸟，为什么我们就不能飞起来呢。我们也想去其他山上转转，体会在天空中飞来飞去的快乐。"蛮蛮心里郁闷，加上好些天没有吃饱了，身体非常虚弱。

崇吾山附近有一座山，名字叫女床山。女床山上住着鸾鸟，它的样子像翟（dí），长着五彩的羽毛。鸾鸟的体型很大，比天鹅要大一些。有一次，鸾鸟飞到崇吾山，看到了奄奄一息的蛮蛮。因为同是鸟类，所以鸾鸟非常同情蛮蛮，因此它决定帮蛮蛮寻找食物。

接下来的一段时间里，蛮蛮的食物都是鸾鸟送来的。鸾鸟经常飞到很远的山上寻找稀奇的果子或小虫子来给蛮蛮当作食物。蛮蛮从来没有吃过这么好吃的食物，心里非常感激。但是，蛮蛮始终心情很郁闷。

鸾鸟问蛮蛮："怎么啦，是嫌这些食物不好吃吗？那我明天去更远的山上给你摘好吃的果子。"蛮蛮赶忙回答："不是的，不是的。你们经常给我们来送吃的，我们感谢还来不及，哪里敢挑剔食物呢。只

是，同样是鸟，看到你们总是飞来飞去的，而我们却只能一拐一拐地走路，我们实在是太羡慕你们了。"鸾鸟一时间也不知道该怎么回答。

在寻找食物的途中，一只鸾鸟被树枝伤了翅膀，在另一只鸾鸟的帮助下才艰难地回到了崇吾山。蛮蛮看到之后连忙道歉："都怪我们不好，要是我们也能飞，你们也不用为我们忙活了。"鸾鸟忙说："没关系，作为邻居本来就该帮忙的。"

蛮蛮发现鸾鸟伤得非常严重，连忙问："伤得怎么这么重，你们是怎么回来的呢？"鸾鸟说："这很简单，虽然我的这个翅膀受伤了，可是另一个翅膀照样能飞，在和同伴的互相配合下，我们顺利地飞回来了。"

这可给蛮蛮带来了启示：我们也互相帮助，雄鸟在左边飞，雌鸟在右边飞，说不定也能飞起来呢。它们试了一下，果然成功了！从那之后，蛮蛮就成双成对飞行，它们飞过许多大山大河，看过许多地方的风景，体验到了从未有过的欢乐。

有鸟焉，其状如凫，而一翼一目，相得乃飞，名曰蛮蛮，见则天下大水。

——《山海经·西山经》

知识拓展

　　蛮蛮又被称作比翼鸟，代表着祥瑞，是吉祥与比翼齐飞的象征。后来逐渐被引申为婚姻的幸福美满。白居易的《长恨歌》中有一句广为传诵的名句，"在天愿作比翼鸟，在地愿为连理枝"，体现了对爱情的美好憧憬与祝愿。但是，在《山海经》中，蛮蛮是凶鸟，它一出现就预示着天下要发大水。

26. 傲不可长

  在昆仑山上的大森林里生活着一种鸟，名字叫鹨鸟。它长得十分漂亮，身上的羽毛鲜亮可爱。但是，它有一个缺点——太骄傲了。

  鹨鸟只要看到谁漂亮，就当着别人的面梳理自己美丽的羽毛，以向别人炫耀自己。它非常爱美，为了美丽的体形煞费苦心。它吃饭从来不敢吃饱，听说吃小虫子会发胖，就立马戒掉了小虫子，饿了就啄几口青草，渴了就喝山泉水。

  鹨鸟喜欢同样美丽的孔雀，它经常跟别的动物说："我的朋友孔雀……""孔雀和我说过……"好像被鹨鸟承认的朋友只有孔雀。鹨鸟经常和孔雀一起讨论如何才能让自己更漂亮。

  早上的空气清新，对身体有好处，并且有助于保持身形。因此，鹨鸟经常早起散步。孔雀说过，多喝露水对身体有好处。因此，鹨鸟养成了早起喝露水的习惯。

  有一天清晨，鹨鸟精神抖擞地拖着美丽的羽毛去河边散步。一只

停在树上的喜鹊很有礼貌地说:"早上好!"可鹑鸟觉得喜鹊这样平凡的鸟,哪里有和它说话的资格呢。于是,鹑鸟一扭头,理都不理喜鹊就走了。走着走着,它突然发现河里有一只跟它长得一模一样的鸟,也很漂亮。于是,鹑鸟停在河边,展开自己美丽的羽毛,还不停地秀出各种舞姿。谁知河里那只长得同样好看的鸟也学它——鹑鸟怎样,它就怎样。

鹑鸟生气极了,它把眼睛瞪得又圆又大,仿佛在恐吓河里的鸟。河里的那只鸟也把眼睛瞪得又圆又大,显出一副不服气的样子。鹑鸟被气得失去了理智,昂首挺胸地向前走了一大步,想和河里的鸟理论,可是一不小心掉进了河里。鹑鸟又厚又长的美丽羽毛沾了水后立马变得沉甸甸的。它扑棱了两下翅膀,可是怎么也飞不起来。鹑鸟觉得身子越来越重,渐渐地向下沉去。

树上的喜鹊看见了,赶紧喊来不远处的大象。大象赶来,往水里一伸鼻子,就把鹑鸟给捞上来了。惊魂未定的鹑鸟站在河边瑟瑟发抖,心里也十分羞愧。鹑鸟红着脸说:"谢谢大象伯伯,谢谢喜鹊姐姐!"喜鹊说:"小鹑鸟,河里的那只鸟就是你自己的影子啊!你怎么跟自己的影子过不去呢?"

鹑鸟这才知道那是自己的倒影,心想:以后还是要和邻居们友好相处,谦虚谨慎,改改自己骄傲的毛病。从此以后,鹑鸟刻苦学习,友善待人。后来,西王母把鹑鸟派给天帝,让它主管天帝生活日用的各种器用服饰。

yǒu niǎo yān qí míng yuē chún niǎo shì sī dì zhī
有鸟焉,其名曰鹑鸟,是司帝之

bǎi fú
百服。

——《山海经·西山经》

知识拓展

　　据说，孔子到鲁桓公的庙中参观，见到一种倾斜易覆的器具，听守庙人说是欹（qī）器。欹器有一个特点：当它不盛水时，就只能斜倒向一旁；在欹器中注入适量的水，它就可以端端正正地竖在那里；如果继续注水，直到水满，它又会翻倒，水会全部洒出来。桓公生前把它放在自己座位的右边，目的在于时刻警醒自己"虚则欹，中则正，满则覆"，做事应适可而止，切不可过分为之。

27. 有凤来仪

丹穴山上遍布黄金和美玉。丹水从山中流出，向南流去，注入渤海。丹穴山中生长着一种鸟，它的形貌像大公鸡，身披五彩羽毛，它的名字叫凤凰。它头上的花纹呈"德"字形，翅膀上的花纹呈"顺"字形，背上的花纹呈"义"字形，胸部的花纹呈"仁"字形，腹部的花纹呈"信"字形。凤凰吃喝都自由自在，还经常一边唱歌一边跳舞。它是吉祥和仁爱的象征，只要天下太平，它就会出现。

黄帝当政以后，施行德政，举世太平，却没有见凤凰的到来。他想亲眼看看传说中的凤凰，为此，他请教天老，问："凤凰长什么样子？我听说凤凰身披五彩羽毛，和孔雀一样大，其他的鸟遇到凤凰就会围绕在凤凰的身边。"天老回答："凤凰的头部像大雁，而后半身像麒麟，颈部像蛇，尾部像鱼尾，身上披着花纹，有燕子一样的下颌、鸡一样的嘴。身上有'德''顺''义''仁''信'的字样。凤凰显形，乃是祥瑞，只有在太平盛世才出现。见到它一掠而过已是很不容易，如果能看到它在百鸟群里飞舞那就是千载难逢的祥瑞了。"

　　黄帝听后很不高兴，说："我即位以来，天下太平，为什么连凤凰的影子都没有看见？"天老说："东有蚩尤、西有少昊、南有炎帝、北有颛顼，四方强敌虎视眈眈，何来太平？"黄帝听罢便励精图治，终于一统天下。一天，他看见一只带有五彩翎毛的大鸟在天空翱翔，而众鸟围着它翩翩起舞。黄帝知道，这只大鸟就是凤凰，这一现象就是百鸟朝凤。于是，黄帝便穿上龙袍，系上黄带，带上黄帽，站立在宫殿中央，向凤凰叩首礼拜。凤凰就栖息在黄帝东园的梧桐树上。

　　另外，周成王时，天下太平，国泰民安，一派祥和景象。于是，凤凰飞来了，并且在朝廷上翩翩起舞。周成王高兴地弹琴唱道："凤凰啊翱翔于皇庭，我有什么大的德行感动圣灵啊？"晋代郭璞曾为此赋诗赞叹道："凤凰是神灵之鸟，它是群鸟之首，身上有人像，花纹有五德，展翅来朝仪，是应圣明君主的感召。"

又东五百里，曰丹穴之山，其上多金玉。丹水出焉，而南流注于渤海。有鸟焉，其状如鸡，五采而文，名曰凤皇，首文曰德，翼文曰顺，背文曰义，膺文曰仁，腹文曰信。是鸟也，饮食自然，自歌自舞，见则天下安宁。

——《山海经·南山经》

🏮 **知识拓展**

凤凰涅槃（niè pán），浴火重生。传说，凤凰垂死时，会用事先收集好的许多香木自焚。它背负着积累于世间的恩怨情仇，投身于熊熊烈火中。在肉体经受了巨大的痛苦和轮回后，便可重生。重生之后，凤凰的羽毛更加丰满，声音更加动听，神态更加从容，并且会变成不死鸟。涅槃，就是死而复生的意思。"凤凰涅槃"多用来比喻美好的事物是要经过不畏苦痛、义无反顾的追求才能获得的。

28. 鹓雏自好

南禺山中蕴藏着丰富的黄金和美玉，山下有很多溪流。山中洞穴遍布，溪水在洞穴中蜿蜒穿行。夏季，水从洞穴中往外流；冬季，水就停止流动。

在这座山上有种和鸾、凤同类的鸟，名字叫鹓雏。鹓雏品行端正、洁身自好。这种鸟从南海起飞，飞往北海。在飞的过程中，它只在梧桐树上休息，只吃竹子结的果实，只喝清凉甘甜的山泉水。

有一次，鹓雏飞往北海时，停在一棵梧桐树上休息。正好，梧桐树下有一只病死的麻雀。麻雀的尸体已经开始腐烂了，变成了苍蝇的"饭"。在离这只麻雀两米多远的地方，有一只在地面上找虫子吃的乌鸦。乌鸦猛然发现了地上的麻雀，便立刻冲了过去，用锋利的爪子抓苍蝇。一会儿，苍蝇就被赶跑了。乌鸦仔细打量附近，生怕还有其他动物和它抢食。环顾四周之后，乌鸦发现了在梧桐树上歇脚的鹓雏。

乌鸦从来没有见过鹓雏，只觉得在梧桐树上闭目养神的鹓雏眉目间透露着神圣、祥和的气息，形态优雅得体。乌鸦觉得鹓雏过于耀眼，就这么抬头仰视着。忽然，乌鸦想起来自己的食物，心想：万一它和我抢怎么办呢？于是立马张开翅膀，护着麻雀的尸体，口中还发出叫声。

鹓雏被吵醒了，低头看到张开翅膀在拼命保护着什么东西的乌鸦。鹓雏仔细一看，乌鸦护的竟然是已经腐烂的麻雀尸体，瞬间鹓雏就明白了。于是，鹓雏整理整理羽毛就离开了。

这一幕正好被居住在旁边树上的鸽子看到了。鸽子对乌鸦说："那是鹓雏，是高贵的鸟。鹓雏非常挑剔，怎么可能跟你抢食腐烂的麻雀。"

乌鸦听到这些之后，感到非常惭愧，觉得自己做了"以小人之心度君子之腹"的蠢事。

又东五百八十里，曰南禺之山，其上多金玉，其下多水。有穴焉，水春辄入，夏乃出，冬则闭。佐水出焉，而东南流注于海，有凤皇、鹓雏。

——《山海经·南山经》

🌐 知识拓展

现实中的乌鸦并不像传说中那么傻。乌鸦的种类很多，分布几乎遍及全球。乌鸦是很聪明的动物，它的智商高于一般的鸟类。有研究发现：世界上最聪明的鸟可能并非可以学舌的鹦鹉，而是普普通通的乌鸦。乌鸦很具有创新性，它们甚至可以通过"制造工具"完成各种任务。在日本一所大学附近的十字路口，经常有乌鸦活动。红灯亮时，乌鸦飞到地面上，把胡桃放在等红灯的汽车的轮胎下。等交通指示灯变成绿灯，车子驶过，把胡桃碾碎。红灯再次亮起时，乌鸦赶紧飞到地面上享受美味。众多生物学家的无数次实验证明，乌鸦可以数到7，这足以证明乌鸦的智商很高。

29. 九尾灵狐

青丘山上有一种兽，它的形状与狐狸相似，却有着九条尾巴，它的名字叫九尾狐。九尾狐的啼叫声就像婴儿啼哭的声音，这种兽能吃人。人们要是吃了九尾狐的肉，就会平安、吉利，不中妖邪之气。不管是被哪种毒虫咬伤，只要吃一口九尾狐的肉，就会很快康复。

在青丘山百里以外的小村庄里，有一家农户，父子俩居住在一个小木屋里，屋里非常狭窄，除了一张床、一张桌子外，只有一些简单的家具。父亲叫李云，十岁的男孩儿叫李鹤。父子俩平时种一些简单的蔬菜瓜果和粮食就够吃的了，吃不完的蔬菜也会拿到集市上去卖，换来的钱往往给李鹤买些小玩具。

李鹤看到别人家的孩子都有书读，心里很是羡慕。虽然李云把

自己认识的字都教给了李鹤，可是书上的大多数字李鹤还是不认识。李鹤知道自己家生活条件艰苦，从来不和父亲说自己想去学堂读书的事。

知子莫如父，李云一心想满足李鹤的心愿。山上的灵芝非常值钱，李云决定去深山里试试，如果有幸能够找到一棵灵芝，就够孩子一年的学费了。青丘山山高林密，正是灵芝生长的好地方。李云打点简单的行囊（náng）就出发了。经过艰苦的寻找，李云果然发现了一棵灵芝。

这时，李云忽然听到了痛苦的呼叫声。循着声音望去，原来是一只中箭的九尾白狐。这条小狐狸被猎人射中之后，本来就伤势很重，又拖着沉重的身体逃了很久，已经是筋疲力尽了。李云看着可怜兮兮的小狐狸，实在是不忍心不救它。犹豫了一会儿后，李云决定用辛辛苦苦找到的灵芝为小狐狸疗伤。

李云柔声地对小狐狸说："我是想帮助你，你不要咬我。"小狐狸似乎听懂了，身体慢慢变得放松。李云拔下小狐狸身上的箭，磨碎灵芝，敷在伤口处。紧接着从衣服上扯下一块布，细心地给小狐狸包扎好。

李云空手而回。李鹤眼里闪过一丝失落，但他赶快抬起嘴角，笑着招呼父亲吃饭。第二天早晨，李云打开门，发现门口有闪闪发光的十锭金子。原来是受伤的九尾狐感激李云的大恩，知道李云家境不好，送来金子报答他的。李鹤也终于如愿以偿地去学堂念书了。

李鹤十年寒窗苦读之后，在当地做了官。他为官清廉，造福一方。李家父子从此过上了幸福的生活。

又东三百里，曰青丘之山，其阳多玉，其阴多青䨼。有兽焉，其状如狐而九尾，其音如婴儿，能食人，食者不蛊。

——《山海经·南山经》

🔖 知识拓展

最初，九尾狐是祥瑞的象征。大禹经过涂山时，遇见一只九尾白狐，因此娶了涂山氏的女儿，子孙昌盛。汉代石刻画像及砖画中，常常有九尾狐与白兔、蟾蜍、三足乌并列于西王母座旁，以示吉祥。唐代流行狐神、天狐崇拜。至北宋，九尾狐的形象开始被妖化了。宋真宗时期的陈彭年为人奸猾，蛊惑皇帝，当时的人把他比作九尾狐，可见九尾狐在人们心目中的形象已经发生了很大的转变。明代著名的神魔小说《封神演义》中，用美色迷惑纣王导致商朝灭亡的妲（dá）己就是九尾狐精。在小说中，九尾狐精最后死在姜子牙手下。至此，九尾狐在人们的心目中成了邪恶的形象。

30. 王亥仆牛

王亥，子姓，又名振，夏朝商丘人，商部族的第七任首领、商国君主。他是契阏（xiè è）伯的六世孙，冥的长子。王亥才高八斗、学富五车，小小年纪就已经展现出出众的才华。

我国古代以种植业为主，属于男耕女织的小农经济，家庭劳动力少，规模小。农民辛辛苦苦劳作，如果是风调雨顺，还能勉强果腹。万一遇上洪灾干旱等，就不得不忍饥挨饿。兴修水利一来可以避免洪灾，二来干旱时节还能灌溉农作物。因此，统治者总是很注重水利建设，王亥的父亲冥也不例外。王亥凭借他的聪明才干，在父亲冥的治水工程中立了大功，得到了冥的赏识。

种地是一件十分耗体力的活，王亥想思考着怎样才能减轻百姓的负担。又到了一年一度的大祭，宫殿中挤满了参加祭祀的人群。吉时一到，祭祀的官员拉着一头野牛费劲地往前走。野牛的劲实在是太大了，一个人使劲地往前拽，后面两个人也在费劲地往前推。僵持了很大一会儿后，野牛才被带到祭祀台。王亥很快想出了一个好主意：要是借助牛力帮忙耕田，那百姓就省劲多了！

祭祀结束之后，王亥一边派人去山上抓捕野牛，一边派人建好坚固的牛栏，并把找来的几十头野牛圈进牛栏里。野牛哪里待得住呢，它们一开始用身子使劲撞牛栏。士兵们为了防止牛栏被撞倒，不得不一遍遍地加固牛栏。过了四五天，野牛疲惫不堪，身上满是伤痕，终于安静地躺下了。这个时候，王亥就派人做好食物倒到牛槽里。野牛一哄而上，很快吃光了食物，又开始不消停地撞牛栏。几天之后，野牛消停下来，王亥才命人再一次喂牛。这样反复几次之后，大部分野牛的脾气慢慢变好了。

又过了几个月，野牛几乎被驯服了。刚生下来的小牛摆脱了野牛身上的倔劲，温顺了许多。小牛长大以后，王亥就给大家示范如何借助牛力耕田。老百姓也纷纷效仿王亥的做法，大约两年的时间里，百姓驯养了许多头牛，每家下地干活的时候都会带着温顺有力气的牛。这样一来，不仅节省了劳动力，而且干起活来非常轻快，粮食产量大大增加。百姓过上了富足的生活，不仅能够吃饱穿暖，每年还会有余粮。通过这些事情，王亥得到了百姓的爱戴，成了商部落的领袖。

有因民国，勾姓，黍食。有人曰王亥，两手操鸟，方食其头。王亥托于有易、河伯仆牛。有易杀王亥，取仆牛。河伯念有易，有易潜出，为国于兽，方食之，名曰摇民。帝舜生戏，戏生摇民。

——《山海经·大荒东经》

知识拓展

　　王亥仆牛之后，商部落的农业和畜牧业得到了快速发展，物产开始有了剩余。王亥又发明了牛车，率领本部落的人赶着牛车，到其他部落进行物品的交换。其他部落的人看到商部落的人用牛车拉着货物远道而来，就你传我、我传你地吆喝着："商人来了，商人来了！"他们说的"商人"其实是"商部落的人"的意思。时间一长，"商人"的意思就发生了变化，演变成了经商做生意、进行货物买卖和交换的人，并一直沿用到今天。

31. 顺其自然

混沌（hùn dùn）神帝江没头没脸，样子像一个圆鼓鼓的布袋，颜色像丹火一样红，长着六条腿、四只翅膀。他精通歌舞，是原始先民的歌舞之神，据说也是天山山神。

帝江有两位挚友，他们分别是南海之帝倏（shū）和北海之帝忽。因为倏和忽分别在南海、北海，相距很远，所以他们三个总是在南海、北海的中央位置——天山相聚。每次来到天山，倏和忽都会受到帝江的盛情款待。帝江用各种美味和好酒招待两个兄弟，并且在天山上为他们建造了宫殿。他们三个简直比亲兄弟还要亲。倏和忽把帝江当成亲哥哥一样尊敬和喜爱，对于帝江的深情厚谊，他们牢记在心，并且总是想法子报答帝江。

有一天，倏和忽闲聊。倏说道："人生七窍（qiào），眼睛可以看美丽的风景，鼻子可以闻到芬芳的气味，嘴巴可以品尝美味的食物，耳朵可以听到美妙的歌声，偏偏帝江哥哥啥都没有，简直是天大的遗憾。"忽说："是啊！要是帝江哥哥有了七窍就可以和我们一起欣赏大自然的风光，一起品尝美酒佳肴，一起谈天说地，岂不快哉！"

　　倏和忽沉思了一会儿，忽然互相看着对方，异口同声地说："我们为帝江哥哥凿七窍吧！"他们说干就干，一人拿凿，一人拿锤，来到了帝江的房间里。他们首先给帝江凿眼睛，凿开一只眼睛之后，帝江果然能看见了。第二天，他们给帝江凿出了一只耳朵，帝江果然能听见了。第三天，他们给帝江凿嘴巴，帝江张开嘴巴呼喊了他们的名字。于是，他们一天为帝江凿开一窍，等到第七天七窍全部凿开的时候，帝江的生命却走到了尽头，永远地离开了他们。

　　倏和忽心痛极了，他们本来是为帝江好，最后却害了帝江的性命。倏和忽捶胸顿足，每天哭喊，滴水不进。天山隔壁的渤（yōu）山山神过来劝说："天地万物，自然为之，不可强求。你们三个兄弟情深，做法也是出于好意，并没有伤害帝江的意思。逝者已逝，留下来的人要好好生活才对……"

　　帝江是谁呢？历史上有没有这个人？有人说，古音"江"与"鸿"通，那么帝江就是帝鸿，而帝鸿传说是中华民族的始祖——黄帝。还有人说黄帝有一个儿子名叫混沌，而帝江就是混沌神，因此认为帝江是黄帝的儿子。

　　又西三百五十里，曰天山，多金玉，有青、雄黄。英水出焉，而西南流注于汤谷。有神焉，其状如黄囊，赤如丹火，六足四翼，浑敦无面目，是识歌舞，实惟帝江也。

——《山海经·西山经》

知识拓展

在后世的传说中，混沌被丑化了。《神异经》中记载的混沌就是一只凶兽：混沌是只像狗又像熊的动物，有眼睛却看不见，有耳朵却听不见。虽然是个"睁眼瞎"，却知晓别人的动态，而人类却感知不到它。遇到德行高的君子，它就产生抵触的情绪；遇着横行霸道的恶人，它反而老老实实、服服帖帖，摇头摆尾地去讨好。平常没事的时候，它总爱咬着自己的尾巴，来回旋转着，然后哈哈哈地傻笑。

32. 长臂擅渔

禹治水时，走过很多地方。有一次，他来到了长臂国。

远远地，禹就看见海边有很多人，他以为天气炎热，这些人是在水里游泳呢。没想到过了一会儿，他们把手里捕捞到的鱼拿了出来。游泳也好，捕鱼也好，这没什么稀奇的，关键是他们的胳膊竟然和自己的身高差不多长，胳膊自然垂下的时候，手可以碰到脚趾头。禹感到很惊讶，于是，他停留下来，友好地和他们打招呼。一位老者停止捕鱼，和禹攀谈起来。

原来，这个地方叫长臂国，这个国家的人胳膊都很长。禹笑着说："第一次见到人的胳膊如此长，竟然比我的胳膊长两倍多。我在够高处东西的时候，如果抬高了胳膊仍然够不着，就得借助其他东西。但是对你们而言，就方便多了。"

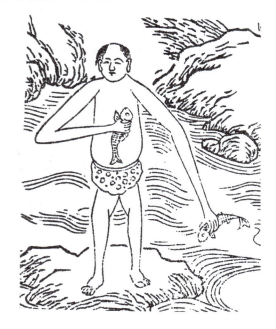

老者说："是啊，对我们来说，高处的或者远处的东西，确实方便拿。如果东西掉在地上，不用弯腰就能捡到。但是，胳膊长有长的好处，短有短的好处。胳膊太长了，如果东西在身体的近处，就显得不方便了；如果背上痒痒了，只能借助别人的手帮忙挠；如果大腿上被蚊子咬了，又要弯曲胳膊，也很不方便。"

禹听后，连忙点头。禹又问："我看我们的身高也差不多，体重也差不多，其他的很多地方也都一样，为什么单单是胳膊差这么多呢？"老者说："本来人的四肢五官都各有用途，如果每样都使用，就会平均发育。如果单用一样，那么这一样就会特别发达。就像人的眼睛坏掉之后，那么他的听力或者嗅觉会比较灵敏。手工制造者每天用手做东西，他的手就发育得比其他人的手要大和灵活。邻国住着一种人，到了冬天的时候没有野果充饥，野兽也很少。为了寻找吃的，他们的视觉就特别敏锐，能看到远处山上奔跑的兔子，能看到高高树上的野果子。而我们国家的人，一直靠用手捕鱼为生，时间久了胳膊就越来越长。不知历经几代人，生下来的孩子胳膊就是长的了。"

禹觉得长臂国的人不但胳膊长，还特别聪慧。于是，他决定留在长臂国过两天再走，正好也察看长臂国附近的水情。长臂国的人对禹很热情，把捉来的鱼变着花样做给他吃。虽然一桌子都是鱼，但是鱼的味道却不一样。禹在这儿过了两三天，才依依不舍地离开了。

> cháng bì guó zài qí dōng ， bǔ yú shuǐ zhōng ， liǎng
> 长 臂 国 在 其 东 ， 捕 鱼 水 中 ， 两
> shǒu gè cāo yì yú 。 yì yuē zài jiāo yáo dōng ， bǔ yú
> 手 各 操 一 鱼 。 一 曰 在 焦 侥 东 ， 捕 鱼
> hǎi zhōng 。
> 海 中 。
>
> ——《山海经·海外南经》

🏵 知识拓展

　　1859 年 11 月，经过二十多年的研究，达尔文写成科学巨著《物种起源》。在这部书里，达尔文旗帜鲜明地提出了"进化论"的思想。《物种起源》的问世，第一次把生物学建立在科学的基础上，以全新的生物进化思想，推翻了"神创论"和物种不变的理论。《物种起源》的出版，在欧洲乃至整个世界都引起轰动。2015 年 11 月，《物种起源》被评为历史上最具影响力的 20 本学术书之一。

33. 刑天之舞

刑天，是一个没有头的神。"刑"是割、杀的意思，"天"的本意是人的头，"刑天"就是被砍头的意思。这个神原来是没有名字的，在被砍掉头之后才有了刑天这个名字。

刑天和蚩尤一样，都是炎帝的大臣。涿（zhuō）鹿之战，黄帝打败了蚩尤族和夸父族。消息很快传到炎帝部落。刑天气愤地跑到炎帝的宫殿，劝炎帝举兵攻打黄帝，一来为蚩尤报仇，二来和黄帝争天下。但年老的炎帝已无斗志，也没有争夺天下的心思，拒绝发兵打仗。

刑天失望地离开了，但是攻打黄帝的念头久久挥之不去。刑天思来想去，按捺不住。既然炎帝不给自己派兵，他就决定带着自己的部下去找黄帝战斗。刑天的部下纷纷表示愿意前往，他又召集了蚩尤的残部，然后带着一支部队向黄帝的地盘杀去。

刑天不仅力气很大，而且善于战斗，很快就冲到了黄帝的宫殿门口。

这时，晴朗的天空突然起了一阵狂风，吹得刑天睁不开眼。霎时，暴雨倾盆而下。刚刚还是晴空万里，怎么这会子下大暴雨呢？刑天想起来了：肯定是风伯、雨师在捣乱！刑天和风伯、雨师大战了一场，并取得了胜利。

黄帝部落看守宫殿的兵将们一齐围上来拼命砍杀抵挡。刑天不慌不乱，一会儿就杀得他们东倒西歪，四散奔窜逃。黄帝只好出殿迎战。他虽然身经百战，神力无穷，但是碰上英勇善战的刑天，也觉得有些吃力。

刑天与黄帝大战了几百个回合，杀得天昏地暗，一直战斗到常羊山下。战争太耗费力气，黄帝也有些吃不消，他思考着怎样才能智取。

黄帝对刑天说："我们去山顶上打吧。"刑天想都没想，大步朝山上走去。哪知道还没走两步，黄帝的宝剑就从后面朝刑天的头部砍去。"咔嚓"一声，刑天的头就滚到了地上。黄帝看到刑天的头和身子分了家，觉得刑天已经死了。他佩服刑天的英雄气概，于是挖坑把刑天埋在了常羊山下。

过了很久，刑天醒过来了！没了头的刑天重新站了起来！他以乳为目，以脐为口，左手拿起盾牌，右手拿着大斧头，不停地挥舞，像是要继续战斗。

住在常羊山附近的村民，经常听见山谷中有像打雷一样的声音阵阵传来，那就是战败的刑天在继续战斗。

> 刑天与帝争神，帝断其首，葬之常羊之山。乃以乳为目，以脐为口，操干戚以舞。
>
> ——《山海经·海外西经》

🔖 知识拓展

晋代大诗人陶渊明有首诗叫《读山海经》："精卫衔（xián）微木，将以填沧海。刑天舞干戚，猛志固常在。同物既无虑，化去不复悔。徒设在昔心，良辰讵（jù）可待？"大意是说：精卫嘴里衔着小小的树枝，想要填平深深的大海。刑天失败后仍然挥舞着盾牌和斧头，刚毅的精神永远存在。虽然（他）死后变成其他的样子，但是丝毫不后悔。昔日的雄心还在，美好的时光还能再回来吗？

34. 白蛇报恩

春天到了，草长莺飞，处处洋溢着和暖的气息。县官宋易的孩子嚷嚷着去郊外游玩。宋易觉得整天忙于公务，在家陪妻子和孩子的时间太少了，就答应了孩子的要求。他让管家准备好出游的东西，就带着妻儿来到了泰冒山下。

泰冒山下的平原上种着小麦。小麦嫩绿的麦苗在微风的吹拂下，显出袅娜（niǎo nuó）窈窕（yǎo tiǎo）的姿态，似乎在与同伴谈笑。春风徐徐吹来，洛水荡起了细微的涟漪（lián yī）。泰冒山上绿草如茵，野花盛开，十分迷人。

妻子在摘五颜六色的野花，孩子在草地上追蝴蝶。看到家人这么开心，宋易也觉得非常高兴。这时，孩子"啊"的一声打破了周围的平静。宋易和妻子赶紧跑到孩子身边，原来是孩子看到一条受了伤的小白蛇。宋易抱起孩子，边抚摸孩子的头边说："不怕不怕，只要你不伤害它，它也不会伤害你的。"等孩子平静下来，宋易才仔细打量小白

蛇。它依然活着，眼睛可怜地望着宋易，似乎在向他求救。

宋易让管家找来草药，用牙齿嚼碎了，敷在小白蛇受伤的身体上。然后，用自己的手帕把小白蛇的伤口细心地包了起来。最后，宋易让管家用树叶从洛水边盛来了一些水放在小白蛇的嘴边，孩子也给小白蛇找到一些能吃的虫子。等这一切都处理好之后，宋易一家才离开。

转眼一年过去了。这天，宋易正在书房里教孩子写字，院子里忽然变得热闹起来。宋易一向喜欢安静，总是教导身边的人保持安静。怎么这会子这么闹腾？宋易推开门，发现原来院子里来了一个"不速之客"——小白蛇。这个"客人"还是带着礼物来的呢，小白蛇的旁边有一个手帕，正是宋易之前用过的，里边似乎还包着东西。宋易打开手帕，发现里边竟是一颗硕大的夜明珠！

宋易身边的人都觉得这事很神奇，经常和别人聊起这件事情。就这样，一传十、十传百，后来就传到了皇帝的耳朵里。皇帝听说后，很赞赏宋易的善举，特地下了一道圣旨。圣旨的大意是说宋易在任期间为民做主，行善积德，皇上十分满意，特地升他为知府。

直到现在，"白蛇报恩"的故事还被老百姓口耳相传呢。

西二百里，曰泰冒之山，其阳多金，其阴多铁。洛水出焉，东流注于河，其中多藻玉，多白蛇。

——《山海经·西山经》

知识拓展

　　杨宝，东汉人。他幼年时，曾看见一只黄雀被猫头鹰击伤，于是就把黄雀带回家疗伤。经过一段时间的悉心治疗，黄雀的伤势慢慢变好了。又过了些日子，杨宝把黄雀放走了。黄雀飞走的第二天，有一个黄衣童子拿着四枚白玉环来报答他。童子对杨宝说，杨家的子孙将来会很有出息，会成为朝廷中最尊显的官。后来，黄衣童子的话果然应验了。这就是历史上流传很广的"黄雀报恩"的故事。

35. 洛水之神

曹植年少时，经常在洛水边散步。久而久之，就和洛水边上的甄宓（fú）互相爱慕。曹植风流倜傥、才华横溢；甄宓及笄之年、才貌出众，两个年轻人早在初次见面的时候就互生情愫。

曹植带甄宓见了父亲曹操，请求父亲允许两人的婚事。曹操见这个从小在洛水边长大的乡野丫头并不害怕自己，举止也落落大方，觉得十分满意。再仔细端详甄宓，只觉得她美若天仙，和皇室出生的女孩相比也丝毫不逊色。

曹操心想：这姑娘聪明、美丽、知书达理，有母仪天下的风范，是当皇后的不二人选。虽然说曹丕（pī）和曹植兄弟俩都很不错，但是曹丕心思缜密，更适合当皇帝。于是，曹操瞒着曹植，和甄宓的家人商量好，打算把甄宓嫁给曹丕。曹操让曹植去探望年迈的外婆，并且说："听说你外婆最近身体不好，你去外婆家待几天吧。"孝顺的曹植收拾好东西就启程了。

甄宓知道自己要嫁进曹家了，心里既羞涩又感到幸福。可是，当盖头被掀开的那一刻，才发现自己嫁的是曹植的哥哥曹丕。甄宓恼羞成怒，却无可奈何。远在外婆家的曹植听说这些后赶紧回来，可惜甄宓和哥哥的婚礼都已经办完了。从此之后，曹植虽经常和甄宓相见，但为了避嫌，没有和深爱着的甄宓说过一句话，只能用眼神来传递他们的情意。

后来曹丕当上了皇帝，册封甄宓为皇后。自此，曹植连见甄宓都成了难事。索性，曹植搬到了洛水边上居住。曹丕当上皇帝之后册封了很多妃子，其中有很多比甄宓年轻、比甄宓愿意讨好曹丕的，曹丕很快就把甄宓给忘了。甄宓虽然是皇后，但是并不快乐，经常愁眉不展。不久，甄宓就郁郁而逝。

曹植听说这一噩耗之后万念俱灰，整天盯着洛水发呆。心中想着和甄宓的旧事，总是忍不住涕泪横流。有一次，曹植正对着洛水出神，突然，他看到一个女子，像一朵出水芙蓉那样慢慢地从碧波中升起，轻悠悠、飘忽忽地来到岸边。曹植惊呆了，这不是自己朝思暮想的甄宓吗！

原来，甄宓死后，被玉帝封为洛神。她打听到曹植住在洛水边，因此前来相会。洛神两眼含泪说："没想到我们还能相见，只可惜，已经人神有别。恐怕以后再也不能见面，你多多保重。"洛神说完，从腰间解下一块玉玦交给曹植，曹植双手接过。

洛神转身走到洛水中心，又回头向曹植望了一眼，就消失在水中了。

又西五十二里，曰竹山，其上多乔木……竹水出焉，北流注于渭，其阳多竹箭，多苍玉。丹水出焉，东南流注于洛水，其中多水玉，多人鱼。

——《山海经·西山经》

🔖 知识拓展

传说，曹丕做了皇帝以后，对才华横溢的弟弟曹植一直心怀忌恨。有一次，曹丕命曹植在七步之内作诗一首，如作不出就要将他处死。曹丕话音一落，曹植便应声而作。因为限在七步之中作成，故后人称之为《七步诗》。流传最广的《七步诗》是："煮豆燃豆萁（qí），豆在釜（fǔ）中泣。本是同根生，相煎何太急？"大意是说：煮豆子时烧的是豆萁，豆子在锅里面受煎熬。豆子和豆萁本来是同一条根上生长出来的，豆萁怎能忍心这样呢？

36. 湘妃斑竹

　　帝尧非常欣赏舜，决定把帝位禅（shàn）让给他。观察了一段时间之后，帝尧又觉得舜的人品很好，因此想把自己的两个女儿娥皇和女英嫁给舜。娥皇和女英对舜仰慕已久，便欣然答应了和舜的亲事。舜和娥皇、女英举行了隆重的婚礼。婚后，他们相亲相爱，过着十分幸福的生活。不久，帝尧认为舜已完全能够胜任治理国家的重任，而自己也已年老，就举行了帝位禅让的仪式。

　　舜以国事为重，把个人的精力全部放在百姓的身上。他早起晚睡，尽心尽力地治理国家，全心全意地为百姓服务。而娥皇、女英悉心处理家庭事务，不让舜分心。

　　一晃好多年过去了，舜告别了娥皇、女英，前往南方巡视。然而，"天有不测风云，人有旦夕祸福"，舜因为路途辛苦，风餐露宿，经常吃不饱穿不暖。巡视到苍梧山下，他突然得了重病。随行的人赶忙找来当地的郎中，可是，依然没有治好舜的病。随行的人把舜埋葬在苍梧山下，湘水正从这儿经过，流入洞庭湖。

　　娥皇和女英非常挂念远行的丈夫，时常后悔没有跟着舜一起南下。她们姐妹俩商量了一下，决定动身去南方找舜。然而，姐妹俩刚走到湘水附近，就听到了丈夫去世的噩耗。她们简直不敢相信丈夫这么快就离她们而去。娥皇和女英不禁痛哭失声，两人的眼泪洒落在旁边的翠竹上。

　　传说娥皇和女英后来死在了湘江，她们死了之后成了湘江的江神，被当地人称为湘夫人。当地的居民发现，沾过娥皇和女英眼泪的翠竹上呈现出点点泪斑（bān），有紫色的，有雪白的，还有血红血红的。因为娥皇和女英被称为湘夫人，人们便把这种竹子称为湘妃竹。

南方苍梧之丘，苍梧之渊，其中有九嶷山，舜之所葬。在长沙零陵界中。

——《山海经·海内经》

🔖 知识拓展

在我国传统文化中，梅、兰、竹、菊具有高洁坚贞、清雅淡泊、遗世独立等高尚的品德，好比人中"君子"，因此，梅、兰、竹、菊被称为"四君子"，受到历代文人墨客的称赞。梅，寒时绽放，傲霜斗雪，不畏严寒，与世无争。兰，色淡香清，多处深山幽谷，喜明月清风，似谦谦君子。竹，四季茂然，山野路旁，庭院庙堂，随遇而安，潇洒处世。菊，种类纷繁，姿态万千，怒放于群芳凋零之际，恬然自处。"四君子"也是文人托物言志，展示高洁品格的绝佳意象，经常出现于文人字画中。

37. 刑神蓐收

渺（yōu）山的南面多瑾、瑜之类的美玉，北面多青黄、雄黄，在山上可以望见太阳落下。管理太阳降落的金神叫蓐（rù）收，他长着人的五官，面部却像小狗那样毛茸茸的，身上的皮毛是白色的，左耳上悬挂着青蛇，长着老虎一样的爪子，手里拿着钺（yuè），外出时驾着两条龙。

蓐收是西方天帝少昊的儿子，一身浩然正气，专喜打抱不平，所以又被封为刑神。他的神职是按照天庭的行为规范，讨伐无道的昏君，是一个镇邪除妖的天神。

有一次，虢（guó）国国君在宗庙里做了一个梦，梦见一个长有

人脸的神，虎爪执钺，站在西边的屋角。虢公很害怕，想要逃跑。那神说："你先别走。晋国将要袭击你的国家。"虢公拜倒在地上叩头求饶。醒来之后，就找来史嚣（xiāo）解梦。史嚣说："这个神是蓐收，是天上的刑神。他是来告诫您的，或许晋国不久之后会来攻打我们。从现在开始，我们要加强兵力，好好备战。"虢公非常气愤，认为史嚣说了不吉利的话，不仅没有加强警戒，反而把史嚣囚禁起来。虢公以为，自己和邻国虞的关系很好，晋国如果派兵攻打虞国，虢国就会带领军队出兵救援；同样的，晋国如果攻打自己的国家，虞国也一定会派兵相助。因此，虢公没有意识到危险的逼近，不但不加强兵力好好备战，反而整天饮酒作乐。

晋献公足智多谋，他的臣子也常向他进谏。为了一举吞并邻近的虢国，他整日愁眉深锁，忧心忡忡。大臣荀息向晋献公献上一计，他说："虞国和虢国关系不错，要想攻占虢国，必须离间他们，使他们产生分歧，互不帮助。臣听闻虞国的国君贪得无厌，我们正好可以投其所好。建议您把心爱的屈产良马和垂棘之璧送给虞公，这样好方便行事。"献公心有不舍。荀息说："大王放心，只不过让他暂时保管罢了，等灭了虞国，一切不都又回到您的手中了吗？"献公依计而行。荀息把献公的宝贝献给了虞公，说："虢国无道，攻打我们国家的南部边境。我斗胆请求向贵国借路，以便到虢国去问罪。"虞公看到良马和美璧，高兴得合不拢嘴，当即答应了荀息的请求，并且说自己愿意先去进攻虢国。不久，晋国会合虞国，灭了虢国。班师回晋国时，晋军大将里克称病说不能带兵回国，暂时把部队驻扎在虞国京城附近。几天后，献公约虞公前去打猎。不一会儿，只见京城中起火。虞公赶到城外时，京城已被晋军里应外合强占了。就这样，晋国又轻而易举地灭了虞国。

托梦给虢国国君的蓐收，除了刑神这个身份外，还是司秋之神，掌管秋令。

xī fāng rù shōu　　zuǒ ěr yǒu shé　　chéng liǎng lóng
西方蓐收，左耳有蛇，乘两龙。
——《山海经·海外西经》

知识拓展

　　春秋时期，各诸侯国尔虞我诈，弱肉强食。"虢国被灭"的故事是《三十六计》中的第二十四计，名为"假道伐虢"。《三十六计》是指中国古代三十六个兵法策略，语源于南北朝，成书于明清。它是根据我国古代卓越的军事思想和丰富的斗争经验总结而形成的兵书，是中华民族悠久历史文化遗产之一。原书按计名排列，共分六套，即胜战计、敌战计、攻战计、混战计、并战计、败战计。每套又包含六计，共三十六计。

38. 禹杀相柳

共工台的台角有一条巨蟒（mǎng），它的花纹像虎斑，头总是朝向西方，这就是相柳。相柳长有九个脑袋，面孔和人一样，但身子是蟒蛇，青绿色。它体型巨大，能同时在九座山头吃东西。相柳是共工的臣子，它经常制造洪水。因为每次一有洪灾，老百姓都会拜祭水神，相柳就会有很多祭品可以享用。因此，相柳所到之处总是洪灾泛滥。

在舜的主持下，人们举行了庄重的祭祀仪式，上告天帝，下达鬼神，祈祝顺利平定水患。仪式之后，由禹率领众神和民众正式开始治水。禹吸取父亲鲧治水失败的教训，采用新的治水策略：顺着水性和地势，以疏导为主，以堙（yīn）堵为辅。禹把整个治水工作进行了分工：应龙负责引导江河干流的洪水；伯益负责引导江河支流的洪水；后稷负责焚山烧泽，驱散猛兽毒蛇；玄龟驮着息壤，跟随禹和众人，填平深沟，加固堤坝，垫高人们居住的地方。由于分工明确，方法得当，治水工作从一开始就很顺利。在洪涝灾害的绝望中挣扎的人们，终于看到了希望。

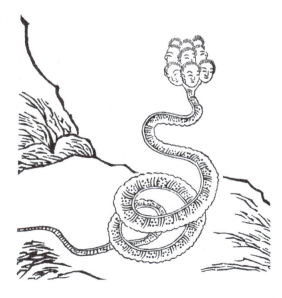

可是，这却触动了

相柳的利益，惹恼了它。于是，它决定去禹的治水工地捣乱。相柳到达禹治水的工地，吃了很多施工的民众。紧接着，它又盘旋着身子，用它的九个大脑袋在禹刚造好的大坝上吃土。它不断地向外喷水，喷出来的水比洪水还厉害，又苦又辣，不管是谁吃了都会送命。此外，它还不断地向外呕吐毒液，形成水味苦涩的恶臭沼泽，发出的臭味甚至能杀死路过的飞禽走兽。它经过的地方，很快就成了不毛之地。最后，它又毁掉了禹和众人刚建好的防水建筑。

禹决心用武力对付相柳，召集了很多神加入这场战斗。他一鼓作气，诛杀了罪恶难赦（shè）的相柳。相柳被杀后流了很多血，它的血腥臭无比，凡是血流过的地方，都不能生长任何庄稼。

相柳生活过的地方成了多水的沼泽地，甚至连动物也没法生存。禹派人垫了三次土，都陷了下去。最后，禹只好下大力气，把这里开辟整理为干净的大水池，并用淤泥在池塘边修建了宫殿楼阁。后来，这里被称为众帝之台。

gōng gōng zhī chén yuē xiāng liǔ shì　jiǔ shǒu　yǐ
共 工 之 臣 曰 相 柳 氏 ， 九 首 ， 以

shí yú jiǔ shān　xiāng liǔ zhī suǒ dǐ　jué wéi zé xī
食 于 九 山 。 相 柳 之 所 抵 ， 厥 为 泽 溪 。

yǔ shā xiāng liǔ　qí xuè xīng　bù kě yǐ shù wǔ gǔ
禹 杀 相 柳 ， 其 血 腥 ， 不 可 以 树 五 谷

zhòng　yǔ jué zhī　sān rèn sān jǔ　nǎi yǐ wéi zhòng dì
种 。 禹 厥 之 ， 三 仞 三 沮 ， 乃 以 为 众 帝

zhī tái
之 台 。

——《山海经·海外北经》

🔖 知识拓展

在古代的神话传说中，会以超出常识的形式来描述事物的奇异，如三头六臂、九尾、九首等等，对后世的文学创作影响深远。希腊神话中有一个九头蛇怪兽叫海德拉，它祸害田园，杀戮生灵，无恶不作，传说它的头能断而复生。中国古代的神魔小说《西游记》中，也描写了一个类似的怪物。在《西游记》第六十二回中，有个叫灞（bà）波儿奔的小妖说："我两个是乱石山碧波潭万圣龙王差来巡塔的。他叫作奔波儿灞，我叫作灞波儿奔。他是鲇鱼怪，我是黑鱼精。因我万圣老龙生了一个女儿，就唤作万圣公主。那公主花容月貌，有二十分人才，招得一个驸马，唤作九头驸马，神通广大。"这个"九头驸马"的所谓真身就是一个九头怪物，后来被孙悟空和众神将合力打败了。

39. 氏国人鱼

　　氏人国也叫互人国，是炎帝的后裔（yì）。他们都长着一副人的面孔，鱼的身体，胸以上是人，胸以下是鱼。这儿的人颇有神通，上能到天庭，下能到最深的海底。因此，氏人国的人承担起了沟通天地的责任。天帝有什么需要传达的，就让氏人国的人来天庭，再由他们传达给地上的人类。

　　禹在治水的时候到过氏人国，当时禹只是想下水观察水情，没想到在水里发现了一个人。禹以为是有人落水里了，刚想去救他，那人竟然睁开了眼睛。禹想把他往岸上拉，这才发现他的下半身是鱼。禹惊呆了，慌乱之中喝了几口水，身体变得抽搐起来。那人一看禹的情况不妙，就拉着禹的胳膊，飞快地游到岸边。

　　随行的人见到禹在水下待了很久，正想着下水时，就看到了大禹被另一个"人"带了上来。随行的人把禹拉上岸后，救禹上来的人却迟迟不肯上岸。这时，随行的人看到了那人的鱼尾巴，一时间，大家惊讶得说不出话来。禹上岸之后就睁开了眼，他赶忙坐起身来向那人鱼道谢。

　　人鱼叫来了几个同类，禹和他们就这么在岸边攀谈起来。禹问完了附近洪水的情况之后，就打听起人鱼的生活。禹和几个随行的人也听说过人鱼，但这是第一次真真切切地和他们打交道。

　　人鱼告诉禹，他们的祖先是炎帝的孙子，死而复生，但是身体上长满了鱼鳞。身边的人见到他们身上布满了鱼鳞，很是惊讶，总是用异样的眼光看他们。无奈，他们开始学游泳。无意之中，他们发现在水里也能自由呼吸。而且，水里的鱼也和他们一样长满鱼鳞。在水里，不会有人用异样的眼光看他们。他们觉得在水里的生活很自在，于是就再也没有上岸。多年之后，人鱼的队伍逐渐扩大。

　　人鱼还告诉禹，成年之后的人鱼是可以在岸上生活的，只是一上岸，他们的身体就会恢复人形。人鱼在岸上生活的时候要十分小心水，因为只要沾到水，他们的双腿会很快现出鱼尾的原形。也有一些不怀好意的人把人鱼放在水池子里供人观赏，谋取私利。

　　对于生活在陆地还是水里，人鱼是可以自由选择的。以前的一个小美人鱼在岸边游玩的时候看到了喜欢的男子，两个人产生了感情，后来这条小美人鱼就上岸和男子结婚了。婚后，他们生活得很幸福。

　　禹和随行人员听得津津有味，过了很久才依依不舍地离开。

氏人国在建木西，其为人人面而鱼身，无足。

——《山海经·海内南经》

知识拓展

　　民间有许多关于美人鱼的传说。据说，美人鱼以腰部为界，上半身是美丽的女人，下半身是布满着鳞片的漂亮鱼尾。美人鱼流的眼泪会变成珍珠，这种珍珠比河蚌身体里产生的珍珠更加珍贵。美人鱼悲伤时流下的眼泪会变成白色的珍珠，喜悦时流下的眼泪会变成粉红色的珍珠。因为喜极而泣的情况非常少，所以粉红色的珍珠更珍贵。

40. 舜遇靖人

为了考察民情，更好地治理天下，舜一路南行巡视。这一路上，舜到过许多国家，见到很多奇形异状的鸟兽，也见到了和自己不一样的人类，比如三身国、一臂国、女子国、男子国、黑齿国、大人国等。三身国的人，一个脑袋三个身体，具有管制鸟兽的能力。一臂国的人，只有一个眼睛、一个鼻孔、一条手臂、一只脚。女子国居住的都是女性，男子国居住的都是男性。黑齿国的人牙齿是黑的……果然是天下之大，无奇不有。舜一边赶路，一边期待着将要到达的地方和要遇到的人。

舜带领大家，在郁郁葱葱的树林里行进。突然，前面的人停下了前进的步伐，舜猜肯定是遇到了什么。他走近一看，地上有一个小人，正仰着脖子看自己呢。舜一下子被逗笑了，蹲下身来，盯着这个小人。

这个小人约有九寸高，和舜的脚差不多大小。除了长得矮小，四肢五官和舜都是一样的。舜问："请问这里是不是小人国？"那人依然仰着脖子，说了声："是的，你长得这么高大，难道是从大人国来的？"舜摇了摇头，说："不是的，我路过大人国，见那儿的人比我要高好几倍，我连他们的膝盖都碰不到。"

仰着头看人太累了，小人国的人把头扭来扭去，似乎在缓解刚才的酸痛感。舜就把小人端在手里，继续和他攀谈。

小人国的国土面积辽阔，但是人口并不多。小人国的人生活十分危险。因为体形过小，他们打不过狮子、猛虎之类的野兽，所以一旦碰到体形巨大的野兽，就很容易丧命。就连野兔、刺猬和稍微大一些的鸟，都不把小人国的人放在眼里。所以，小人国的人很少外出活动。小人国的人也不盖房子，因为他们觉得分开住太危险了，因此，所有的人都住在一个山洞里，山洞的门口有人轮流看守。一到进食的时间，就会有十来个身强体壮的男人出去找食物。一只麻雀、几条小鱼、几个野果，就足够小人国的人吃一天。

舜听说小人国的事情之后，觉得他们很可怜，就想帮助他们。舜搬来石头，不一会儿，就给小人国的居民建好了一个足以容纳所有居民的房子。舜告诉小人国的人：多晒太阳多吃饭才能够身强体壮，才能对付敌人的侵略。

舜在小人国的这几天里，教小人国的人如何防御（yù）野兽，并且给他们制造了弓箭。小人国的人不停地说着感谢的话。临别，他们目送着舜，直到舜消失在树林深处。

> yǒu xiǎo rén guó　　 míng jìng rén
> **有 小 人 国 ， 名 靖 人 。**
>
> ——《山海经·大荒东经》

🔖 知识拓展

在《格列佛游记》中也有关于小人国的记载。《格列佛游记》是英国作家乔纳森·斯威夫特的一部长篇游记体讽刺小说。这部小说讲述了主人公格列佛先后四次出海，分别到小人国、大人国、飞岛国、慧骃（yīn）国的离奇旅行和种种遭遇。作品想象丰富，构思奇特，勾画出一个栩栩如生、五彩缤纷的神奇世界。《格列佛游记》自18世纪出版以来，被翻译成几十种语言，在世界各国广为流传，在我国也是颇具影响力的外国文学作品。

在我国古代文言小说《聊斋志异》中，也有关于巨人和小人的描写。比如《瞳人语》中描写的"见有小人，自生鼻内出，大不及豆"的瞳人；《小人》中提到的"为术人所迷，复投以药，四体暴缩"，身长尺许的卖艺人等。